1001 Spruchweisheiten: Erfolg und Glück

1001 SPRUCHWEISHEITEN

ERFOLG UND GLÜCK

spireo

1001 Spruchweisheiten: Erfolg und Glück
Amazon Printausgabe
1. Auflage

© Berlin 2016
ISBN 13: 978-3-95932-100-6
zusammengestellt von Henrik Geyer
Buchumschlag gestaltet von Henrik Geyer
Verlag: Spireo JHGI UG (haftungsbeschränkt)
Blankenburger Chaussee 56
13125 Berlin
www.Spireo.de

Inhaltsverzeichnis

ERFOLG,
DEN DU VERDIENST

500 Zitate und Aphorismen

Über Zielstrebigkeit und Konsequenz, Vorsicht und Mut, Klugheit, Fleiß und Können, Zögerlichkeit und Ausreden, Entscheidungen, Ehre und Ehrlichkeit, sowie Leidenschaft

ANFANGEN!

Anpacken!

Wer gar zu viel bedenkt, wird wenig leisten.

Friedrich von Schiller, deutscher Dichter und Philosoph
geb. 10. November 1759 in Marbach am Neckar, Württemberg; gest.
9. Mai 1805 in Weimar, Sachsen-Weimar, lebte 46 Jahre. (Zitat-Nr 1)

Wir sind nicht nur für das verantwortlich, was wir tun, sondern
auch für das, was wir nicht tun.

Moliere, französischer Dramatiker
geb. 1622 in Paris, gest. 17. Februar 1673, lebte 51 Jahre. (Zitat-Nr 2)

Der eine wartet, dass die Zeit sich wandelt. Der andere packt
sie kräftig an ... und handelt.

Dante Alighieri, Dichter und Philosoph italienischer Sprache
geb. 1265 in Florenz; gest. 14. September 1321 in Ravenna, lebte 56
Jahre. (Zitat-Nr 3)

Tüchtigkeit, nicht Geburt unterscheidet die Menschen.

Voltaire (François-Marie Arouet), französischer Philosoph und
Schriftsteller
geb. 21. November 1694 in Paris; gest. 30. Mai 1778 ebendort, lebte
84 Jahre. (Zitat-Nr 4)

Es genügt nicht, ein anständiger Mensch zu sein. Man muss es auch zeigen.

Honoré de Balzac, französischer Schriftsteller
geb. 20. Mai 1799 in Tours; gest. 18. August 1850 in Paris, lebte 51 Jahre. (Zitat-Nr 5)

Viel von sich reden kann auch ein Mittel sein, sich zu verbergen.

Arthur Schnitzler, österreichischer Dramatiker
geb. 15. Mai 1862 in Wien, Kaisertum Österreich; gest. 21. Oktober 1931 ebendort, lebte 69 Jahre. (Zitat-Nr 6)

Was uns das neue Jahr wohl bringt? Ihr glaubt an manches Wunderbare! Doch hört, wie diese Frage klingt: Was bringen wir dem neuen Jahre?

Paul Valéry, französischer Lyriker und Philosoph
geb. 30. Oktober 1871 in Sète, Languedoc-Roussillon; gest. 20. Juli 1945 in Paris, lebte 74 Jahre. (Zitat-Nr 7)

Indem man das, was man zu tun hat, aufschiebt, läuft man Gefahr, es nie tun zu können.

Charles Baudelaire, französischer Schriftsteller
geb. 9. April 1821 in Paris; gest. 31. August 1867 ebendort, lebte 46 Jahre. (Zitat-Nr 8)

Wer neue Heilmittel scheut, muss alte Übel dulden.

Francis Bacon, englischer Philosoph und Staatsmann
geb. 22. Januar 1561 in London; gest. 9. April 1626 in Highgate, lebte 65 Jahre. (Zitat-Nr 9)

Tu erst das Notwendige, dann das Mögliche, und plötzlich
schaffst du das Unmögliche.

Franz von Assisi, Begründer des Ordens der Minderen Brüder (Franziskaner)
geb. 1181 in Assisi, Italien; gest. 3. Oktober 1226, lebte 45 Jahre. (Zitat-Nr 10)

Alle Dinge werden zu einer Quelle der Lust, wenn man sie
liebt.

Thomas von Aquin, Philosoph und Theologe
geb. 1225 in Italien; gest. 7. März 1274, lebte 49 Jahre. (Zitat-Nr 11)

Vom ersten Schritt, den du unternimmst, hängt der Rest deiner Tage ab.

Voltaire (François-Marie Arouet), französischer Philosoph und
Schriftsteller
geb. 21. November 1694 in Paris; gest. 30. Mai 1778 ebendort, lebte
84 Jahre. (Zitat-Nr 12)

Wer heute nur immer das tut, was er gestern schon getan hat,
der bleibt auch morgen, was er heute schon ist.

Leonardo da Vinci, einer der berühmtesten Universalgelehrten aller
Zeiten
geb. 15. April 1452 in Anchiano bei Vinci; gest. 2. Mai 1519 in Schloss
Clos Lucé, Amboise, lebte 67 Jahre. (Zitat-Nr 13)

<u>CHARAKTER</u>

Um die unangenehmen Folgen der eigenen Torheit wirklich
seiner Torheit und nicht seinem Charakter zur Last zu legen -
dazu gehört mehr Charakter, als die meisten haben.

Friedrich Nietzsche, deutscher klassischer Philologe und Philosoph
geb. 15. Oktober 1844 in Röcken; gest. 25. August 1900 in Weimar,
lebte 56 Jahre. (Zitat-Nr 14)

Der Charakter ruht auf der Persönlichkeit, nicht auf den Talen-
ten.

Johann Wolfgang von Goethe, der wohl größte deutsche Dichter
geb. 28. August 1749 in Frankfurt am Main als Johann Wolfgang Goethe; gest. 22. März 1832 in Weimar, geadelt 1782, lebte 83 Jahre. (Zitat-Nr 15)

Ich habe mein ganzes Leben gefunden, dass sich der Charakter
eines Menschen durch nichts so sicher erkennen lässt als aus
einem Scherz, den er übelnimmt.

Georg Christoph Lichtenberg, deutscher Mathematiker und Aphoristiker
geb. 1. Juli 1742 in Ober-Ramstadt bei Darmstadt; gest. 24. Februar
1799 in Göttingen, lebte 57 Jahre. (Zitat-Nr 16)

Groß kann man sich im Glück, erhaben nur im Unglück zeigen.

Friedrich von Schiller, deutscher Dichter und Philosoph
geb. 10. November 1759 in Marbach am Neckar, Württemberg; gest.
9. Mai 1805 in Weimar, Sachsen-Weimar, lebte 46 Jahre. (Zitat-Nr 17)

Wenn schlechte Leute zanken, riecht's übel um sie her; doch wenn sie sich versöhnen, so stinkt es noch viel mehr.

Gottfried Keller, Schweizer Dichter und Politiker
geb. 19. Juli 1819 in Zürich; gest. 15. Juli 1890 in Zürich, lebte 71 Jahre. (Zitat-Nr 18)

Wir werden vom Schicksal hart und weich geklopft - es kommt aufs Material an.

Marie von Ebner-Eschenbach, mährisch-österreichische Schriftstellerin
geb. 13. September 1830 auf Schloss Zdislawitz bei Kremsier in Mähren; gest. 12. März 1916 in Wien, lebte 86 Jahre. (Zitat-Nr 19)

Wer gegen sein Gesinde gut ist, ist meistens im Grunde gut. Man verstellt sich nicht leicht gegen Leute, die man für ihre Dienste bezahlt.

Georg Christoph Lichtenberg, deutscher Mathematiker und Aphoristiker
geb. 1. Juli 1742 in Ober-Ramstadt bei Darmstadt; gest. 24. Februar 1799 in Göttingen, lebte 57 Jahre. (Zitat-Nr 20)

Glücklich sein heißt einen guten Charakter haben.

Mark Aurel, römischer Kaiser und Philosoph
geb. 26. April 121 in Rom; gest. 17. März 180 in Vindobona oder eventuell Sirmium, lebte 59 Jahre. (Zitat-Nr 21)

Es bildet ein Talent sich in der Stille, sich ein Charakter in dem
Strom der Welt.

Johann Wolfgang von Goethe, der wohl größte deutsche Dichter
geb. 28. August 1749 in Frankfurt am Main als Johann Wolfgang Goethe; gest. 22. März 1832 in Weimar, geadelt 1782, lebte 83 Jahre. (Zitat-Nr 22)

VORBILDER

Ein Gramm Beispiel gilt mehr als ein Zentner gute Worte.

Franz von Sales, Mystiker und Kirchenlehrer
geb. 21. August 1567 auf Burg Sales, Thorens-Glières; gest. 28. Dezember 1622 in Lyon, lebte 55 Jahre. (Zitat-Nr 23)

Muß der Person, die man zum Vorbild wählt, man doch im
Schönen nur zu gleichen trachten und wenn, wie sie, man hus-
tet auch und spuckt, ist man ihr deshalb noch lange nicht ähn-
lich.

Moliere, französischer Dramatiker
geb. 1622 in Paris, gest. 17. Februar 1673, lebte 51 Jahre. (Zitat-Nr 24)

Was in Sitten auf die Gesellschaft am meisten wirkt, ist nicht
Lehre und Befehl, sondern Vorbild, Beispiel.

Johann Gottfried von Herder, deutscher Dichter und Theologe
geb. 25. August 1744 in Mohrungen, Königreich Preußen; gest. 18.
Dezember 1803 in Weimar, Herzogtum Sachsen-Weimar-Eisenach,
lebte 59 Jahre. (Zitat-Nr 25)

Nicht zu jeder Zeit kann man sich an alle guten Vorbilder und Maximen halten.

Luc de Clapiers, Marquis de Vauvenargues, französischer Schriftsteller und Philosoph
geb. 6. August 1715 in Aix-en-Provence; gest. 28. Mai 1747 in Paris, lebte 32 Jahre. (Zitat-Nr 26)

Die Menschen verbessern sich selten, wenn sie kein anderes Vorbild außer sich selbst haben, um es nachzuahmen.

Oliver Goldsmith, irischer Schriftsteller
geb. 10. November 1728 in Elphin, Irland; gest. 4. April 1774 in London, lebte 46 Jahre. (Zitat-Nr 27)

Der Wetzstein schneidet nicht, doch macht er scharf das Messer. Durch einen schlechten Mann wird oft ein guter besser.

Friedrich Rückert, deutscher Dichter
geb. 16. Mai 1788 in Schweinfurt; gest. 31. Januar 1866 in Neuses, lebte 78 Jahre. (Zitat-Nr 28)

Es ist mehr wert, stets die Achtung der Menschen zu haben, als gelegentlich ihre Bewunderung.

Jean-Jacques Rousseau, französischsprachiger Genfer Schriftsteller, Philosoph
geb. 28. Juni 1712 in Genf; gest. 2. Juli 1778 in Ermenonville bei Paris, lebte 66 Jahre. (Zitat-Nr 29)

Wir lieben immer die Menschen, die uns bewundern, aber nicht immer die, welche wir bewundern.

Francois de La Rochefoucauld, französischer Moralist und Literat
geb. 15. September 1613 in Paris; gest. 17. März 1680 ebendort, lebte 67 Jahre. (Zitat-Nr 30)

ZÖGERLICHKEIT UND AUSREDEN

Der schlimmste Weg, den man wählen kann, ist der, keinen zu wählen.

Friedrich II. von Preußen, König von Preußen und Kurfürst von Brandenburg, der "Alte Fritz"
geb. 24. Januar 1712 in Berlin; gest. 17. August 1786 in Potsdam, lebte 74 Jahre. (Zitat-Nr 31)

Diejenigen Berge, über die man im Leben am schwersten hinwegkommt, häufen sich immer als Sandkörnchen auf.

Christian Friedrich Hebbel, deutscher Dramatiker
geb. 18. März 1813 in Wesselburen, Dithmarschen; gest. 13. Dezember 1863 in Wien, lebte 50 Jahre. (Zitat-Nr 32)

Gähnen ist ein stiller Aufschrei.

Gilbert Keith Chesterton, englischer Schriftsteller
geb. 29. Mai 1874 im Londoner Stadtteil Kensington; gest. 14. Juni 1936 in Beaconsfield, lebte 62 Jahre. (Zitat-Nr 33)

Es wäre wenig in der Welt unternommen worden, wenn man immer nur auf den Ausgang gesehen hätte.

Gotthold Ephraim Lessing, Dichter der deutschen Aufklärung
geb. 22. Januar 1729 in Kamenz, Markgraftum Oberlausitz; gest. 15. Februar 1781 in Braunschweig, lebte 52 Jahre. (Zitat-Nr 34)

Es gibt immer noch nichts Ansteckenderes als ein entschlossenes und von Überzeugung geprägtes Leben.

Oscar Wilde, irischer Schriftsteller
geb. 16. Oktober 1854 in Dublin; gest. 30. November 1900 in Paris, lebte 46 Jahre. (Zitat-Nr 35)

Je ungebildeter ein Mensch, desto schneller ist er mit einer Ausrede fertig.

Marie von Ebner-Eschenbach, mährisch-österreichische Schriftstellerin
geb. 13. September 1830 auf Schloss Zdislawitz bei Kremsier in Mähren; gest. 12. März 1916 in Wien, lebte 86 Jahre. (Zitat-Nr 36)

Wer die Menschen kennenlernen will, der studiere ihre Entschuldigungsgründe.

Christian Friedrich Hebbel, deutscher Dramatiker
geb. 18. März 1813 in Wesselburen, Dithmarschen; gest. 13. Dezember 1863 in Wien, lebte 50 Jahre. (Zitat-Nr 37)

Es kann die Ehre dieser Welt dir keine Ehre geben. Was dich in Wahrheit hebt und hält, muss in dir selber leben.

Theodor Fontane, deutscher Schriftsteller
geb. 30. Dezember 1819 in Neuruppin; gest. 20. September 1898 in Berlin, lebte 79 Jahre. (Zitat-Nr 38)

Siehe zu, dass du einen guten Namen behaltest; der bleibt gewisser denn tausend Schätze Gold.

Jesus Sirach, apokryphes Buch des Alten Testaments
entstanden im 2. Jhd. V. Chr. (Zitat-Nr 39)

Es ist keine Kunst, ein ehrlicher Mann zu sein, wenn man täglich Suppe, Gemüse und Fleisch zu essen hat.

Georg Büchner, hessischer Schriftsteller
geb. 17. Oktober 1813 in Goddelau, Großherzogtum Hessen; gest. 19. Februar 1837 in Zürich, lebte 24 Jahre. (Zitat-Nr 40)

Darfst das Leben mit Würde ertragen, nur die Kleinlichen machen es klein; Bettler können dir Bruder sagen, und du kannst doch ein König sein.

Rainer Maria Rilke, deutscher Lyriker
geb. 4. Dezember 1875 in Prag; gest. 29. Dezember 1926 in Sanatorium Valmont bei Montreux, Schweiz, lebte 51 Jahre. (Zitat-Nr 41)

Es ist besser, verdiente Ehrungen nicht zu erhalten, als erhaltene Ehrungen nicht zu verdienen.

Mark Twain, amerikanischer Autor
geb. 30. November 1835 in Florida, Missouri; gest. 21. April 1910 in Redding, Connecticut, lebte 75 Jahre. (Zitat-Nr 42)

Verlieren kann die Ehre nur, wer keine hat.

Publilius Syrus, römischer Mimen-Autor
lebte im 1. Jhd. Vor Christus (Zitat-Nr 43)

Zuletzt ist jede Stelle gut, wenn man sie gut und treu ausfüllt.

Theodor Fontane, deutscher Schriftsteller
geb. 30. Dezember 1819 in Neuruppin; gest. 20. September 1898 in Berlin, lebte 79 Jahre. (Zitat-Nr 44)

Wie oft wäscht eine Hand die andere, und beide bleiben schmutzig!

Joseph Unger, österreichischer Jurist und Schriftsteller
geb. 2. Juli 1828 in Wien; gest. 2. Mai 1913 ebendort, lebte 85 Jahre. (Zitat-Nr 45)

Den eigenen Weg gehen

Sie können es nicht allen recht machen. Lassen Sie sich durch
Kritik nicht beeinflussen. Sie sollten nicht Ihre Nachbarn die
Maßstäbe für Sie setzen lassen.

Robert Louis Stevenson, schottischer Schriftsteller
geb. 13. November 1850 in Edinburgh; gest. 3. Dezember 1894 in
Vailima, nahe Apia, Samoa, lebte 44 Jahre. (Zitat-Nr 46)

Lebe mit deinem Jahrhundert, aber sei nicht sein Geschöpf.

Friedrich von Schiller, deutscher Dichter und Philosoph
geb. 10. November 1759 in Marbach am Neckar, Württemberg; gest.
9. Mai 1805 in Weimar, Sachsen-Weimar, lebte 46 Jahre. (Zitat-Nr 47)

Es würde wenig Glückliche geben, wenn es anderen zustünde,
unsere Beschäftigungen und Vergnügungen uns vorzuschrei-
ben.

Marquis de Vauvenargues, französischer Philosoph und Schriftsteller.
geb. 6. August 1715 in Aix-en-Provence; gest. 28. Mai 1747 in Paris,
lebte 32 Jahre. (Zitat-Nr 48)

Man muss viel Geschmack haben, um dem seines Zeitalters zu
entgehen.

Simon-Théodore Jouffroy, französischer Publizist und Philosoph
geb. 6. Juli 1796 in Les Pontets, Franche-Comté; gest. 4. Februar 1842
in Paris, lebte 46 Jahre. (Zitat-Nr 49)

Die meisten Menschen sind Münzen, nur wenige sind Präge-
stöcke.

Wilhelm Raabe, deutscher Schriftsteller
geb. 8. September 1831 in Eschershausen; gest. 15. November 1910
in Braunschweig, lebte 79 Jahre. (Zitat-Nr 50)

Dies über alles: Sei dir selber treu: Und daraus folgt, so wie die
Nacht dem Tage, du kannst nicht falsch sein gegen irgend wen.

William Shakespeare, englischer Dramatiker
geb. 26. April 1564 in Stratford-upon-Avon; gest. 23. April 1616 in
Stratford-upon-Avon, lebte 52 Jahre. (Zitat-Nr 51)

Suche selbst deine Fehler zu erkennen; denn die Wohlwollen-
den machen dich nicht darauf aufmerksam, um dir nicht wehe
zu tun, die Feindseligen nicht, weil sie sich über diese Fehler
freuen.

Franz Grillparzer, österreichischer Schriftsteller und Dramatiker
geb. 15. Januar 1791 in Wien; gest. 21. Januar 1872 ebendort, lebte
81 Jahre. (Zitat-Nr 52)

Ich bin weder Athener noch Grieche, sondern ein Bürger der
Welt.

Sokrates, griechischer Philosoph
470 - 399 v. Chr., lebte 71 Jahre. (Zitat-Nr 53)

Das Glück besteht nicht darin, dass du tun kannst, was du willst, sondern darin, dass du auch immer willst, was du tust.

Leo Tolstoi, russischer Dichter
geb. 1828; gest. 1910, lebte 82 Jahre. (Zitat-Nr 54)

POSITIVES DENKEN UND HOFFNUNG

Der Mut ist wie die Liebe. Er ernährt sich von der Hoffnung.

Napoleon I., französischer General und Kaiser
geb. 15. August 1769 in Ajaccio auf Korsika als Napoleone Buonaparte; gest. 5. Mai 1821 in Longwood House auf St. Helena im Südatlantik, lebte 52 Jahre. (Zitat-Nr 55)

Der Herr stärke Sie im Glauben, wo Sie nicht sehen, und in der Hoffnung, wo nichts zu hoffen ist!

Johann Kaspar Lavater, Schweizer Schriftsteller und Philosoph
geb. 15. November 1741 in Zürich; gest. 2. Januar 1801 ebendort,
lebte 60 Jahre. (Zitat-Nr 56)

Die positiven Menschen sind auch die leichtgläubigsten.

Alexander Pope, englischer Dichter
geb. 21. Mai 1688 in London; gest. 30. Mai 1744 in Twickenham,
heute Teil Londons, lebte 56 Jahre. (Zitat-Nr 57)

Man verbringt die eine Hälfte des Lebens damit, sich Glück zu erhoffen, und die andere, eine Hoffnung zu vermissen.

Simon-Théodore Jouffroy, französischer Publizist und Philosoph
geb. 6. Juli 1796 in Les Pontets, Franche-Comté; gest. 4. Februar 1842 in Paris, lebte 46 Jahre. (Zitat-Nr 58)

Die Schienbeine und die Hoffnungen soll man nicht zu weit hinausstrecken.

Epiktet, antiker Philosoph
geb. um 50 in Hierapolis in Phrygien; gest. um 138 in Nikopolis in Epirus, lebte 88 Jahre. (Zitat-Nr 59)

Die Hoffnung ist der Regenbogen über den herabstürzenden Bach des Lebens.

Friedrich Nietzsche, deutscher klassischer Philologe und Philosoph
geb. 15. Oktober 1844 in Röcken; gest. 25. August 1900 in Weimar, lebte 56 Jahre. (Zitat-Nr 60)

Ein Anführer ist jemand, der Hoffnung austeilt.

Napoleon I., französischer General und Kaiser
geb. 15. August 1769 in Ajaccio auf Korsika als Napoleone Buonaparte; gest. 5. Mai 1821 in Longwood House auf St. Helena im Südatlantik, lebte 52 Jahre. (Zitat-Nr 61)

Der Himmel hat den Menschen als Gegengewicht zu den vielen Mühseligkeiten des Lebens drei Dinge gegeben: die Hoffnung, den Schlaf und das Lachen.

Immanuel Kant, deutscher Philosoph
geb. 22. April 1724 in Königsberg, Preußen; gest. 12. Februar 1804 in Königsberg, lebte 80 Jahre. (Zitat-Nr 62)

NACH HOHEM STREBEN

Nenne dich nicht arm, weil deine Träume nicht in Erfüllung gegangen sind; wirklich arm ist nur, der nie geträumt hat.

Marie von Ebner-Eschenbach, mährisch-österreichische Schriftstellerin
geb. 13. September 1830 auf Schloss Zdislawitz bei Kremsier in Mähren; gest. 12. März 1916 in Wien, lebte 86 Jahre. (Zitat-Nr 63)

Nicht nach Fülle des Wissens soll man streben, sondern nach Fülle des Verstandes.

Demokrit, antiker griechischer Philosoph
geb. 459 v. Chr; gestorben 371 v. Chr., lebte 88 Jahre. (Zitat-Nr 64)

Man muß der Natur darin nachstreben, daß sie keine Zwischenglieder, keine Nebensachen, kein Provisorium kennt, sondern jedes Ding als Hauptsache behandelt.

Hugo von Hofmannsthal, österreichischer Schriftsteller und Lyriker
geb. 1. Februar 1874 in Wien; gest. 15. Juli 1929 in Rodaun bei Wien, lebte 55 Jahre. (Zitat-Nr 65)

Wenn die Sonne der Kultur niedrig scheint, werfen selbst
Zwerge lange Schatten.

Karl Kraus, österreichischer Schriftsteller
geb. 28. April 1874 in Jičín, Böhmen; gest. 12. Juni 1936 in Wien, lebte
62 Jahre. (Zitat-Nr 66)

Das Streben nach Vollkommenheit muß fromm machen.

Hugo von Hofmannsthal, österreichischer Schriftsteller und Lyriker
geb. 1. Februar 1874 in Wien; gest. 15. Juli 1929 in Rodaun bei Wien,
lebte 55 Jahre. (Zitat-Nr 67)

Das Schöne ist schwer.

Sokrates, griechischer Philosoph
470 - 399 v. Chr., lebte 71 Jahre. (Zitat-Nr 68)

Fordere viel von dir selbst und erwarte wenig von anderen. So
wird dir Ärger erspart bleiben.

Konfuzius, chinesischer Philosoph
551 v. Chr. bis 479 v. Chr., lebte 72 Jahre. (Zitat-Nr 69)

Merkmal großer Menschen ist, dass sie an andere weit geringere Anforderungen stellen als an sich selbst.

Marie von Ebner-Eschenbach, mährisch-österreichische Schriftstellerin
geb. 13. September 1830 auf Schloss Zdislawitz bei Kremsier in Mähren; gest. 12. März 1916 in Wien, lebte 86 Jahre. (Zitat-Nr 70)

<u>LEIDENSCHAFT</u>

Beeile dich, solange die Leidenschaft noch besteht.

Terenz, Komödiendichter der römischen Antike
geb. 190 v. Chr., gest. 159 v. Chr., lebte 31 Jahre. (Zitat-Nr 71)

Alle Leidenschaften übertreiben, und wären keine Leidenschaften, wenn sie nicht übertrieben.

Nikolas Chamfort, französischer Schriftsteller
geb. 6. April 1741 in Clermont, Auvergne; gest. 13. April 1794 in Paris,
lebte 53 Jahre. (Zitat-Nr 72)

Was der Empfindung als Geist erscheint, erscheint der Wahrnehmung als Energie. Geist und Energie sind identisch.

Walther Rathenau, deutscher Unternehmer und Schriftsteller
geb. 29. September 1867 in Berlin; gest. 24. Juni 1922 in Berlin-
Grunewald, lebte 55 Jahre. (Zitat-Nr 73)

Die kleinsten Alltagsleistungen setzen viel mehr Energie in die
Welt als die seltenen heroischen Taten.

Robert Musil, österreichischer Schriftsteller
geb. 6. November 1880 in Klagenfurt am Wörthersee; gest. 15. April
1942 in Genf, lebte 62 Jahre. (Zitat-Nr 74)

Das Feuer in seiner Seele soll man nie ausgehen lassen, sondern schüren.

Vincent van Gogh, niederländischer Maler
geb. 30. März 1853 in Groot-Zundert; gest. 29. Juli 1890 in Auvers-sur-Oise, lebte 37 Jahre. (Zitat-Nr 75)

Ein von Eifer entflammter Mensch reicht hin, ein ganzes Volk aufzurichten.

Johannes Chrysostomos, Erzbischof von Konstantinopel
geb. 344 in Antiochia; gest. 14. September 407 in Comana Pontica, lebte 63 Jahre. (Zitat-Nr 76)

Ein gewisser Freund, den ich kannte, pflegte seinen Leib in drei Etagen zu teilen, den Kopf, die Brust und den Unterleib, und er wünschte öfters, dass sich die Hausleute der obersten und der untersten Etage besser vertrügen.

Georg Christoph Lichtenberg, deutscher Mathematiker und Aphoristiker
geb. 1. Juli 1742 in Ober-Ramstadt bei Darmstadt; gest. 24. Februar 1799 in Göttingen, lebte 57 Jahre. (Zitat-Nr 77)

In dir muss brennen, was du in anderen entzünden willst.

Augustinus von Hippo, auch Aurelius Augustinus, lateinischer Kirchenlehrer der Spätantike, Bischof, Philosoph
geb. 13. November 354 in Tagaste, auch: Thagaste, in Numidien, heute Souk Ahras in Algerien; gest. 28. August 430 in Hippo Regius in Numidien, heute Annaba in Algerien, lebte 76 Jahre. (Zitat-Nr 78)

Mutige Leute überredet man dadurch zu einer Handlung, dass
man dieselbe gefährlicher darstellt, als sie ist.

Friedrich Nietzsche, deutscher klassischer Philologe und Philosoph
geb. 15. Oktober 1844 in Röcken; gest. 25. August 1900 in Weimar,
lebte 56 Jahre. (Zitat-Nr 79)

Der Furchtsame erschrickt vor der Gefahr, der Feige in ihr, der
Mutige nach ihr.

Jean Paul, deutscher Schriftsteller
geb. 21. März 1763 in Wunsiedel; gest. 14. November 1825 in Bayreuth, lebte 62 Jahre. (Zitat-Nr 80)

Besiegt ist nur, wer den Mut verliert. Sieger ist jeder, der wei-
terkämpfen will.

Franz von Sales, Mystiker und Kirchenlehrer
geb. 21. August 1567 auf Burg Sales, Thorens-Glières; gest. 28. Dezember 1622 in Lyon, lebte 55 Jahre. (Zitat-Nr 81)

Nie wieder werde ich einen Menschen bewundern, der nichts
als mutig ist.

Antoine de Saint-Exupéry, französischer Schriftsteller und Pilot
geb. 29. Juni 1900 in Lyon; gest. 31. Juli 1944 in Nähe der Île de Riou
bei Marseille, lebte 44 Jahre. (Zitat-Nr 82)

Wer Mut zeigt, macht Mut.

Adolph Kolping, deutscher katholischer Priester
geb. 8. Dezember 1813 in Kerpen bei Köln; gest. 4. Dezember 1865 in
Köln, lebte 52 Jahre. (Zitat-Nr 83)

Es gehört oft mehr Mut dazu, seine Meinung zu ändern, als ihr
treu zu bleiben.

Christian Friedrich Hebbel, deutscher Dramatiker
geb. 18. März 1813 in Wesselburen, Dithmarschen; gest. 13. Dezember 1863 in Wien, lebte 50 Jahre. (Zitat-Nr 84)

Wo das Müssen beginnt, hört das Fürchten auf.

Otto von Bismarck, deutscher Politiker und Staatsmann
geb. 1. April 1815 in Schönhausen (Elbe); gest. 30. Juli 1898 in Friedrichsruh bei Hamburg, lebte 83 Jahre. (Zitat-Nr 85)

Vorsicht ist das, was wir bei anderen Feigheit nennen.

Oscar Wilde, irischer Schriftsteller
geb. 16. Oktober 1854 in Dublin; gest. 30. November 1900 in Paris,
lebte 46 Jahre. (Zitat-Nr 86)

Sei nicht allzu ängstlich, was deine Handlungen angeht. Das
ganze Leben ist ein Experiment.

Ralph Waldo Emerson, amerikanischer Philosoph und Schriftsteller
geb. 25. Mai 1803 in Boston, Massachusetts; gest. 27. April 1882 in
Concord, Massachusetts, lebte 79 Jahre. (Zitat-Nr 87)

Nicht weil es schwer ist, wagen wir es nicht, sondern weil wir es nicht wagen, ist es schwer.

Seneca, römischer Philosoph
geb. etwa im Jahre 1 in Corduba; gest. 65 n. Chr. bei Rom, lebte 64 Jahre. (Zitat-Nr 88)

Man kann nicht ohne Furcht sein, wenn man furchterregend aussieht.

Epikur, griechischer Philosoph
geb. um 341 v. Chr. auf Samos; gest. 271v. Chr. in Athen, lebte 70 Jahre. (Zitat-Nr 89)

Wer tapfer ist, der ist auch geduldig.

Thomas von Aquin, Philosoph und Theologe
geb. 1225 in Italien; gest. 7. März 1274, lebte 49 Jahre. (Zitat-Nr 90)

Feigheit ist der wirksamste Schutz gegen die Versuchung.

Mark Twain, amerikanischer Autor
geb. 30. November 1835 in Florida, Missouri; gest. 21. April 1910 in Redding, Connecticut, lebte 75 Jahre. (Zitat-Nr 91)

Tue zuerst deine Pflicht, dann suche Erholung und Ruhe; tue das Schwerste zuerst, dann wird dir das Leichte wie nichts sein, und nicht horch" auf die Stimme der Aufschub heischenden Trägheit.

Johann Kaspar Lavater, Schweizer Schriftsteller und Philosoph
geb. 15. November 1741 in Zürich; gest. 2. Januar 1801 ebendort, lebte 60 Jahre. (Zitat-Nr 92)

Insofern die Erfüllung der Pflichten mehr als subjektives Eigentum des Individuums erscheint und mehr seinem natürlichen Charakter angehört, ist sie Tugend.

Georg Wilhelm Friedrich Hegel, deutscher Philosoph
geb. 27. August 1770 in Stuttgart; gest. 14. November 1831 in Berlin, lebte 61 Jahre. (Zitat-Nr 93)

Denn was auch immer auf Erden besteht, besteht durch Ehre und Treue. Wer heute die alte Pflicht verrät, verrät auch morgen die neue.

Adalbert Stifter, österreichischer Schriftsteller und Maler
geb. 23. Oktober 1805 in Oberplan, Böhmen, als Albert Stifter; gest. 28. Jänner 1868 in Linz, lebte 63 Jahre. (Zitat-Nr 94)

Dem Menschen ist alles eher angenehm zu machen, als seine Pflicht.

Gotthold Ephraim Lessing, Dichter der deutschen Aufklärung
geb. 22. Januar 1729 in Kamenz, Markgraftum Oberlausitz; gest. 15. Februar 1781 in Braunschweig, lebte 52 Jahre. (Zitat-Nr 95)

Nur Recht tun, und nichts anders wollen,
Ist, Tugend, dein *Gesetz*, und heilig ist die Pflicht.
Mag uns das Rad des Schicksals niederrollen:
Die Welt *in* uns berührt es nicht.

Christoph August Tiedge, deutscher Dichter und Autor
geb. 14. Dezember 1752 in Gardelegen; gest. 8. März 1841 in Dresden, lebte 89 Jahre. (Zitat-Nr 96)

Wer besser bechäftigt werden könnte, ist müßig.

Sokrates, griechischer Philosoph
470 - 399 v. Chr., lebte 71 Jahre. (Zitat-Nr 97)

Wir sind nicht auf dieser Welt, um glücklich zu sein und zu genießen, sondern um unsere Schuldigkeit zu tun.

Otto von Bismarck, deutscher Politiker und Staatsmann
geb. 1. April 1815 in Schönhausen (Elbe); gest. 30. Juli 1898 in Friedrichsruh bei Hamburg, lebte 83 Jahre. (Zitat-Nr 98)

Wir leben nicht, um zu essen, wir essen, um zu leben.

Sokrates, griechischer Philosoph
470 - 399 v. Chr., lebte 71 Jahre. (Zitat-Nr 99)

Die Freundschaft, die der Wein gemacht, wirkt - wie der Wein - nur eine Nacht.

Friedrich Freiherr von Logau, deutscher Dichter
geb. Januar 1605 in Nimptsch, Schlesien; gest. 24. Juli 1655 in Liegnitz, lebte 50 Jahre. (Zitat-Nr 100)

Nichts wie die Schmeichelei ist so gefährlich dir. Du weißt es, dass sie lügt, und dennoch glaubst du ihr.

Friedrich Rückert, deutscher Dichter
geb. 16. Mai 1788 in Schweinfurt; gest. 31. Januar 1866 in Neuses, lebte 78 Jahre. (Zitat-Nr 101)

Man ist nie scharfsinniger, als wenn es darauf ankommt, sich selbst zu täuschen und seine Gewissensbisse zu unterdrücken.

Francois Fenelon, französischer Erzbischof und Schriftsteller
geb. 6. August 1651 auf Schloss Fénelon im Périgord; gest. 7. Januar 1715 in Cambrai, lebte 64 Jahre. (Zitat-Nr 102)

Wer glaubt, dass er auf alle Welt verzichten könnte, täuscht sich. Aber wer glaubt, dass man auf ihn verzichten könnte, täuscht sich noch viel mehr.

Francois de La Rochefoucauld, französischer Moralist und Literat
geb. 15. September 1613 in Paris; gest. 17. März 1680 ebendort, lebte 67 Jahre. (Zitat-Nr 103)

In Täuschung lebt ich manche Jahre und brach zur Wahrheit spät mir Bahn; nur wandelt jetzt dieFurcht mich an, ob ich dabei viel besser fahre!

Friedrich Halm, österreichischer Dichter
geb. 2. April 1806 in Krakau; gest. 22. Mai 1871 in Wien, lebte 65 Jahre. (Zitat-Nr 104)

Es gibt kaum eine größere Enttäuschung, als wenn du mit einer recht großen Freude im Herzen zu gleichgültigen Menschen kommst.

Christian Morgenstern, deutscher Dichter und Schriftsteller
geb. 6. Mai 1871 in München; gest. 31. März 1914 in Untermais, Tirol, Österreich-Ungarn, lebte 43 Jahre. (Zitat-Nr 105)

Gott hat den Menschen erschaffen, weil er vom Affen enttäuscht war. Danach hat er auf weitere Experimente verzichtet.

Mark Twain, amerikanischer Autor
geb. 30. November 1835 in Florida, Missouri; gest. 21. April 1910 in Redding, Connecticut, lebte 75 Jahre. (Zitat-Nr 106)

Dacht ich's doch, daß auf das Donnerwetter noch Regen folgen würde.

Sokrates, griechischer Philosoph
470 - 399 v. Chr., lebte 71 Jahre. (Zitat-Nr 107)

Niemand weiß, welche Nachricht von Bedeutung ist, bevor
hundert Jahre vergangen sind.

Friedrich Nietzsche, deutscher klassischer Philologe und Philosoph
geb. 15. Oktober 1844 in Röcken; gest. 25. August 1900 in Weimar,
lebte 56 Jahre. (Zitat-Nr 108)

Gott zieht an einer Hand, der Teufel an beiden Beinen.

Wilhelm Busch, humoristischer Dichter und Zeichner
geb. 15. April 1832 in Wiedensahl; gest. 9. Januar 1908 in Mechtshausen, lebte 76 Jahre. (Zitat-Nr 109)

Menschen stolpern nicht über Berge, sondern über Maul-
wurfshügel.

Konfuzius, chinesischer Philosoph
551 v. Chr. bis 479 v. Chr., lebte 72 Jahre. (Zitat-Nr 110)

Um überhaupt etwas zu sehen, muss man den Sand aus den
Augen kriegen, den die Gegenwart ständig hineinstreut.

Hugo von Hofmannsthal, österreichischer Schriftsteller und Lyriker
geb. 1. Februar 1874 in Wien; gest. 15. Juli 1929 in Rodaun bei Wien,
lebte 55 Jahre. (Zitat-Nr 111)

<u>WILLE</u>

Manche Menschen weisen alles auf, was der Wille an Talent geben, und was die Geduld an Genie gewähren kann.

Edmond und Jules de Goncourt, französische Schriftsteller
Edmond: geb. 26. Mai 1822; gest. 16. Juli 1896 / Jules: geb. 17. Dezember 1830; gest. 20. Juni 1870 (Zitat-Nr 112)

Der gute Wille ist das Kostbarste im Menschen.

Francois Fenelon, französischer Erzbischof und Schriftsteller
geb. 6. August 1651 auf Schloss Fénelon im Périgord; gest. 7. Januar 1715 in Cambrai, lebte 64 Jahre. (Zitat-Nr 113)

Herrschaft wird niemandem angeboren.

Johann Wolfgang von Goethe, der wohl größte deutsche Dichter
geb. 28. August 1749 in Frankfurt am Main als Johann Wolfgang Goethe; gest. 22. März 1832 in Weimar, geadelt 1782, lebte 83 Jahre. (Zitat-Nr 114)

Sei deines Willens Herr und deines Gewissens Knecht.

Marie von Ebner-Eschenbach, mährisch-österreichische Schriftstellerin
geb. 13. September 1830 auf Schloss Zdislawitz bei Kremsier in Mähren; gest. 12. März 1916 in Wien, lebte 86 Jahre. (Zitat-Nr 115)

Wer seinen Willen durchsetzen will, muss leise sprechen.

Jean Giraudoux, französischer Diplomat und Schriftsteller
geb. 29. Oktober 1882 in Bellac, Haute-Vienne; gest. 31. Januar 1944
in Paris, lebte 62 Jahre. (Zitat-Nr 116)

Der allerelendeste Zustand ist: Nichts wollen können.

Ernst Freiherr von Feuchtersleben, österreichischer Philosoph, Arzt
und Lyriker
geb. 29. April 1806 in Wien; gest. 3. September 1849 ebendort, lebte
43 Jahre. (Zitat-Nr 117)

Jeder Mensch trägt einen Dämon in sich, der ihn reizt und ihn
zu seinen Handlungen treibt.

Sokrates, griechischer Philosoph
470 - 399 v. Chr., lebte 71 Jahre. (Zitat-Nr 118)

Sei wie ein Fels, an dem sich beständig die Wellen brechen! Er
bleibt stehen, und rings um ihn legen sich die angeschwolle-
nen Gewässer.

Mark Aurel, römischer Kaiser und Philosoph
geb. 26. April 121 in Rom; gest. 17. März 180 in Vindobona oder eventuell Sirmium, lebte 59 Jahre. (Zitat-Nr 119)

Die ersten Entschließungen sind nicht immer die klügsten, aber gewöhnlich die redlichsten.

Gotthold Ephraim Lessing, Dichter der deutschen Aufklärung
geb. 22. Januar 1729 in Kamenz, Markgraftum Oberlausitz; gest. 15. Februar 1781 in Braunschweig, lebte 52 Jahre. (Zitat-Nr 120)

Entschlossenheit im Unglück ist immer der halbe Weg zur Rettung.

Johann Heinrich Pestalozzi, Schweizer Pädagoge
geb. 12. Januar 1746 in Zürich; gest. 17. Februar 1827 in Brugg, Kanton Aargau, lebte 81 Jahre. (Zitat-Nr 121)

Gott geht mit mir, wohin auch immer ich gehe.

A course in miracles, spirituelles Werk von Helen Schucman
Helen Schucman geb. 14. Juli 1909 in New York City; gest. 9. Februar 1981, lebte 72 Jahre. (Zitat-Nr 122)

Erfolg sollte stets nur die Folge, nie das Ziel des Handelns sein.

Gustave Flaubert, französischer Schriftsteller
geb. 12. Dezember 1821 in Rouen, Haute-Normandie; gest. 8. Mai 1880 in Canteleu, Haute-Normandie, lebte 59 Jahre. (Zitat-Nr 123)

An Ideen fehlt es nicht, aber an Männern, sie auszuführen.

Honoré de Balzac, französischer Schriftsteller
geb. 20. Mai 1799 in Tours; gest. 18. August 1850 in Paris, lebte 51 Jahre. (Zitat-Nr 124)

Nichts ist so elend als der Mann, der alles will und der nichts kann.

Matthias Claudius, deutscher Dichter und Journalist
geb. 15. August 1740 in Reinfeld (Holstein); gest. 21. Januar 1815 in Hamburg, lebte 75 Jahre. (Zitat-Nr 125)

Dauerhaftem schlechtem Wetter musst du mit Geduld begegnen. Mach' es wie die Schöppenstedter: Regnet es, so lass es regnen!

Wilhelm Busch, humoristischer Dichter und Zeichner
geb. 15. April 1832 in Wiedensahl; gest. 9. Januar 1908 in Mechtshausen, lebte 76 Jahre. (Zitat-Nr 126)

Ideale sind wie Sterne. Wir erreichen sie niemals, aber wie die Seefahrer auf dem Meer richten wir unseren Kurs nach ihnen.

Carl Schurz, radikaldemokratischer deutscher Revolutionär
geb. 2. März 1829 in Liblar, Preußische Rheinprovinz; gest. 14. Mai 1906 in New York, lebte 77 Jahre. (Zitat-Nr 127)

Lau ist schlimmer noch als kalt.

Gotthold Ephraim Lessing, Dichter der deutschen Aufklärung
geb. 22. Januar 1729 in Kamenz, Markgraftum Oberlausitz; gest. 15. Februar 1781 in Braunschweig, lebte 52 Jahre. (Zitat-Nr 128)

Wer Gründe anhört, kommt in Gefahr, nachzugeben.

Johann Wolfgang von Goethe, der wohl größte deutsche Dichter
geb. 28. August 1749 in Frankfurt am Main als Johann Wolfgang Goethe; gest. 22. März 1832 in Weimar, geadelt 1782, lebte 83 Jahre. (Zitat-Nr 129)

Wer vom Ziel nicht weiß, kann den Weg nicht haben.

Christian Morgenstern, deutscher Dichter und Schriftsteller
geb. 6. Mai 1871 in München; gest. 31. März 1914 in Untermais, Tirol,
Österreich-Ungarn, lebte 43 Jahre. (Zitat-Nr 130)

Eine Angewohnheit kann man nicht aus dem Fenster werfen.
Man muss sie die Treppe hinunterboxen, Stufe für Stufe.

Mark Twain, amerikanischer Autor
geb. 30. November 1835 in Florida, Missouri; gest. 21. April 1910 in
Redding, Connecticut, lebte 75 Jahre. (Zitat-Nr 131)

ARBEITEN - MIT RUHE UND VERSTAND

ARBEIT

Nicht was der Mensch ist, nur was er tut, ist sein unverlierbares Eigentum.

Christian Friedrich Hebbel, deutscher Dramatiker
geb. 18. März 1813 in Wesselburen, Dithmarschen; gest. 13. Dezember 1863 in Wien, lebte 50 Jahre. (Zitat-Nr 132)

Was der Mensch mit großer Arbeit erstreiten muß, das wird ihm eine Herzensfreude.

Meister Eckhart, spätmittelalterlicher Theologe und Philosoph
geb. um 1260, gest. 30. April 1328 in Avignon, lebte 68 Jahre. (Zitat-Nr 133)

Bitte nie um Dinge, die du dir selbst erwerben kannst.

Miguel de Cervantes, spanischer Schriftsteller
geb. 1547; gest. 1616 in Madrid, lebte 69 Jahre. (Zitat-Nr 134)

Wege entstehen dadurch, dass wir sie gehen.

Franz Kafka, deutschsprachiger Schriftsteller
geb. 3. Juli 1883 in Prag, Österreich-Ungarn; gest. 3. Juni 1924 in Klosterneuburg-Kierling, Österreich), lebte 41 Jahre. (Zitat-Nr 135)

Die Arbeit hält drei große Gefahren fern: Langeweile, Laster und Not.

Voltaire (François-Marie Arouet), französischer Philosoph und Schriftsteller
geb. 21. November 1694 in Paris; gest. 30. Mai 1778 ebendort, lebte 84 Jahre. (Zitat-Nr 136)

Wer die Welt bewegen will, sollte erst sich selbst bewegen.

Sokrates, griechischer Philosoph
470 - 399 v. Chr., lebte 71 Jahre. (Zitat-Nr 137)

Wer nicht handelt, dem wird auch der Himmel nicht helfen.

Sophokles, griechischer Dichter
geb. 497 v. Chr.; gest. 406 v. Chr. in Athen, lebte 90 Jahre. (Zitat-Nr 138)

Solange du deine Werke verrichtest um des Himmelreichs, um Gottes oder um deiner Seligkeit willen, also von außen her, so bist du wirklich nicht auf dem Rechten. Man kann es ja wohl mit dir aushalten, doch das Beste ist das nicht.

Meister Eckhart, spätmittelalterlicher Theologe und Philosoph
geb. um 1260, gest. 30. April 1328 in Avignon, lebte 68 Jahre. (Zitat-Nr 139)

Eilen hilft nicht - zur rechten Zeit fortgehen ist die Hauptsache.

Jean de la Fontaine, französischer Schriftsteller
geb. 8. Juli 1621 in Château-Thierry; gest. 13. April 1695 in Paris, lebte
74 Jahre. (Zitat-Nr 140)

Mache niemandem graue Haare, doch wenn du recht hast,
hast du um die Haare nicht zu sorgen.

Matthias Claudius, deutscher Dichter und Journalist
geb. 15. August 1740 in Reinfeld (Holstein); gest. 21. Januar 1815 in
Hamburg, lebte 75 Jahre. (Zitat-Nr 141)

Auch wenn ich wüsste, dass morgen die Welt unterginge,
würde ich doch heute noch einen Apfelbaum pflanzen.

Martin Luther, theologischer Begründer der Reformation
geb. 10. November 1483 in Eisleben, Grafschaft Mansfeld; gest. 18.
Februar 1546 ebendort, lebte 63 Jahre. (Zitat-Nr 142)

Vertraue nur dir selbst, wenn andere an dir zweifeln; aber
nimm ihnen ihre Zweifel nicht übel.

Rudyard Kipling, britischer Schriftsteller
geb. 30. Dezember 1865 in Bombay; gest. 18. Januar 1936 in London,
lebte 71 Jahre. (Zitat-Nr 143)

Ich lerne es täglich, lerne es unter Schmerzen, denen ich dankbar bin: Geduld ist alles.

Rainer Maria Rilke, deutscher Lyriker
geb. 4. Dezember 1875 in Prag; gest. 29. Dezember 1926 in Sanatorium Valmont bei Montreux, Schweiz, lebte 51 Jahre. (Zitat-Nr 144)

Beharrlichkeit wird zuweilen mit Eigensinn verwechselt.

August von Kotzebue, deutscher Dramatiker, Schriftsteller
geb. 3. Mai 1761 in Weimar; gest. 23. März 1819 in Mannheim, lebte 58 Jahre. (Zitat-Nr 145)

Geduld ist zweierlei: ruhige Ertragung des Mangels, ruhige Ertragung des Übermaßes. Die echte Geduld zeugt von großer Elastizität.

Novalis, deutscher Schriftsteller und Philosoph
geb. 2. Mai 1772 auf Schloss Oberwiederstedt; gest. 25. März 1801 in Weißenfels, lebte 29 Jahre. (Zitat-Nr 146)

Es gilt, sein Leben lang zu arbeiten, zu kämpfen und jeden Tag neu zu beginnen. Man muss nicht nur mit anderen Geduld haben, sondern auch mit sich selbst.

Franz von Sales, Mystiker und Kirchenlehrer
geb. 21. August 1567 auf Burg Sales, Thorens-Glières; gest. 28. Dezember 1622 in Lyon, lebte 55 Jahre. (Zitat-Nr 147)

Die beste Arbeit, die man tun kann, ist das, was man ohne Lob
in der Stille tut.

Vincent van Gogh, niederländischer Maler
geb. 30. März 1853 in Groot-Zundert; gest. 29. Juli 1890 in Auvers-
sur-Oise, lebte 37 Jahre. (Zitat-Nr 148)

Man muss jedem Hindernis Geduld, Beharrlichkeit und eine
sanfte Stimme entgegenstellen.

Thomas Jefferson, 3. amerikanischer Präsident
geb. 1743 in Virginia; gest. 4. Juli 1826, lebte 83 Jahre. (Zitat-Nr 149)

Der Unterschied zwischen Erfolg und Misserfolg ist der Unterschied zwischen Richtigtun und Fast-Richtigtun.

Edward Simmons, amerikanischer impressionistischer Maler
g eb. 1852, gest. 1931, lebte 79 Jahre. (Zitat-Nr 150)

Das nächste Ziel mit Lust und Freude und aller Kraft zu verfol-
gen, ist der einzige Weg, das fernste zu erreichen.

Christian Friedrich Hebbel, deutscher Dramatiker
geb. 18. März 1813 in Wesselburen, Dithmarschen; gest. 13. Dezember 1863 in Wien, lebte 50 Jahre. (Zitat-Nr 151)

Ergebnisse! Egebnisse habe ich haufenweise erzielt. Ich kenne
Tausende von Dingen, die nicht funktionieren werden!

Thomas A. Edison, amerikanischer Erfinder und Industrieller
geb. 11. Februar 1847 in Milan, Ohio; gest. 18. Oktober 1931 in West
Orange, New Jersey, lebte 84 Jahre. (Zitat-Nr 152)

Was nicht zu ändern ist, wird durch Geduld erleichtert.

Horaz, römischer Dichter
geb. 65 v. Chr. in Venusia; gest. 27. November 8 v. Chr., lebte 57
Jahre. (Zitat-Nr 153)

BESCHEIDENHEIT

Nur klugtätige Menschen, die ihre Kräfte kennen und sie mit
Maß und Geschicklichkeit benutzen, werden es im Weltwesen
weit bringen.

Johann Wolfgang von Goethe, der wohl größte deutsche Dichter
geb. 28. August 1749 in Frankfurt am Main als Johann Wolfgang Goethe; gest. 22. März 1832 in Weimar, geadelt 1782, lebte 83 Jahre. (Zitat-Nr 154)

König ist nur, wer seine eigenen Leidenschaften beherrscht.

Sokrates, griechischer Philosoph
470 - 399 v. Chr., lebte 71 Jahre. (Zitat-Nr 155)

Auch wenn du allein bist, solltest du nichts Böses tun oder sagen. Lerne, dich mehr vor dir selbst als vor anderen zu schämen!

Demokrit, antiker griechischer Philosoph
geb. 459 v. Chr; gestorben 371 v. Chr., lebte 88 Jahre. (Zitat-Nr 156)

Der Mensch ist das einzige Lebewesen, das rot werden kann -
und das es nötig hat.

Mark Twain, amerikanischer Autor
geb. 30. November 1835 in Florida, Missouri; gest. 21. April 1910 in
Redding, Connecticut, lebte 75 Jahre. (Zitat-Nr 157)

Der Speise Würze ist der Hunger.

Cicero, römischer Politiker, Schriftsteller und Philosoph
geb. 106 v. Chr; gest. 43 v. Chr., lebte 63 Jahre. (Zitat-Nr 158)

Bescheidenheit ist eine Tugend, die man vor allem an anderen
schätzt.

Francois de La Rochefoucauld, französischer Moralist und Literat
geb. 15. September 1613 in Paris; gest. 17. März 1680 ebendort, lebte
67 Jahre. (Zitat-Nr 159)

Die Bescheidenheit müsste die Tugend derer sein, denen die
anderen fehlen.

Georg Christoph Lichtenberg, deutscher Mathematiker und Aphoristiker
geb. 1. Juli 1742 in Ober-Ramstadt bei Darmstadt; gest. 24. Februar
1799 in Göttingen, lebte 57 Jahre. (Zitat-Nr 160)

Wir sind Bettler, das ist wahr.

Martin Luther, theologischer Begründer der Reformation
geb. 10. November 1483 in Eisleben, Grafschaft Mansfeld; gest. 18.
Februar 1546 ebendort, lebte 63 Jahre. (Zitat-Nr 161)

Es ist sicher eine schöne Sache, aus gutem Haus zu sein. Aber
der Verdienst gebührt den Vorfahren.

Plutarch, antiker griechischer Schriftsteller
geb. um 45; gest. um 125, lebte 80 Jahre. (Zitat-Nr 162)

Größe besitzt, wer uns nie an andere erinnert.

Ralph Waldo Emerson, amerikanischer Philosoph und Schriftsteller
geb. 25. Mai 1803 in Boston, Massachusetts; gest. 27. April 1882 in
Concord, Massachusetts, lebte 79 Jahre. (Zitat-Nr 163)

Bescheidenheit steht berühmten Männern wohl an. Nichts zu
sein und trotzdem bescheiden, das ist schwer.

Paul Valéry, französischer Lyriker und Philosoph
geb. 30. Oktober 1871 in Sète, Languedoc-Roussillon; gest. 20. Juli
1945 in Paris, lebte 74 Jahre. (Zitat-Nr 164)

Die Bescheidenheit ist eine Eigenschaft, die vom Bewusstsein
der eigenen Macht herrührt.

Paul Cézanne, französischer Maler
geb. 19. Januar 1839 in Aix-en-Provence; gest. 22. Oktober 1906
ebendort, lebte 67 Jahre. (Zitat-Nr 165)

Es kommt im ganzen Leben nur darauf an, sich selbst an die
zweite Stelle zu setzen.

Iwan S. Turgenjew, russischer Schriftsteller
geb. 28. Oktober 1818 in der Nähe von Orjol; gest. 22. August 1883 in
Bougival bei Paris, lebte 65 Jahre. (Zitat-Nr 166)

<u>CHANCEN</u>

Man muß verstehen, die Chancen einer Niederlage zu ergreifen.

Otto Stoessl, österreichischer Schriftsteller
geb. 2. Mai 1875 in Wien; gest. 15. September 1936 ebendort, lebte 61 Jahre. (Zitat-Nr 167)

Man muß Ideen die Chance geben, sich zu verwirklichen.

Thomas A. Edison, amerikanischer Erfinder und Industrieller
geb. 11. Februar 1847 in Milan, Ohio; gest. 18. Oktober 1931 in West Orange, New Jersey, lebte 84 Jahre. (Zitat-Nr 168)

Je dümmer eine Sache ist, desto mehr Erfolgschancen hat sie.

Georges Clemenceau, französischer Journalist, und Staatsmann, Ministerpräsident der Dritten Republik
geb. 28. September 1841 in Mouilleron-en-Pareds, Vendée; gest. 24. November 1929 in Paris, lebte 88 Jahre. (Zitat-Nr 169)

Schicksal ist nie eine Frage der Chance, sondern eine Frage der Wahl.

Isaac Newton, englischer Naturforscher
geb. 25. Dezember 1642 in Lincolnshire; gest. 31. März 1727 in Kensington, lebte 85 Jahre. (Zitat-Nr 170)

Ein Tor ist zugetan, doch tausend stehn noch offen.

Friedrich Rückert, deutscher Dichter
geb. 16. Mai 1788 in Schweinfurt; gest. 31. Januar 1866 in Neuses,
lebte 78 Jahre. (Zitat-Nr 171)

Keiner, der nichts mit seinem Glück anzufangen weiß, darf sich
beklagen, wenn es ihn im Stich lässt.

Miguel de Cervantes, spanischer Schriftsteller
geb. 1547; gest. 1616 in Madrid, lebte 69 Jahre. (Zitat-Nr 172)

Ach, der Tugend schöne Werke, gerne möcht' ich sie erwi-
schen, doch ich merke, doch ich merke, immer kommt mir was
dazwischen.

Wilhelm Busch, humoristischer Dichter und Zeichner
geb. 15. April 1832 in Wiedensahl; gest. 9. Januar 1908 in Mechtshausen, lebte 76 Jahre. (Zitat-Nr 173)

Dummheit

Gescheit gedacht und dumm gehandelt, so bin ich mein' Tage
durchs Leben gewandelt.

Franz Grillparzer, österreichischer Schriftsteller und Dramatiker
geb. 15. Januar 1791 in Wien; gest. 21. Januar 1872 ebendort, lebte
81 Jahre. (Zitat-Nr 174)

Wo Rat nicht wird gehört, wo Rat nicht Folge hat, allda ist gar
kein Rat der allerbeste Rat.

Friedrich Freiherr von Logau, deutscher Dichter
geb. Januar 1605 in Nimptsch, Schlesien; gest. 24. Juli 1655 in Liegnitz, lebte 50 Jahre. (Zitat-Nr 175)

Wenn die Unfähigkeit ein Inkognito braucht, nennt sie sich
Pech.

Charles Maurice de Talleyrand, Staatsmann in der Zeit der französischen Revolution
geb. 2. Februar 1754 in Paris; gest. 17. Mai 1838 ebendort, lebte 84
Jahre. (Zitat-Nr 176)

Viele verlieren den Verstand nur deshalb nicht, weil sie keinen
haben.

Balthasar Gracian y Morales, spanischer Schriftsteller und Jesuit
geb. 8. Januar 1601 in Belmonte bei Calatayud; gest. 6. Dezember
1658 in Tarazona, Aragonien, lebte 57 Jahre. (Zitat-Nr 177)

Es ist nichts widerwärtiger als ein Dummkopf, der Glück hat.

Cicero, römischer Politiker, Schriftsteller und Philosoph
geb. 106 v. Chr; gest. 43 v. Chr., lebte 63 Jahre. (Zitat-Nr 178)

Die schlimmsten Fehler werden gemacht, in der Absicht, einen
begangenen Fehler wieder gutzumachen.

Jean Paul, deutscher Schriftsteller
geb. 21. März 1763 in Wunsiedel; gest. 14. November 1825 in Bayreuth, lebte 62 Jahre. (Zitat-Nr 179)

Nichts erfrischt unser Herz so sehr, wie wenn es uns gelungen ist, eine Dummheit zu vermeiden.

Jean de la Bruyère, französischer Schriftsteller
geb. 16. August 1645 in Paris; gest. 10. Mai 1696 in Versailles, lebte 51 Jahre. (Zitat-Nr 180)

Nach manchem Gespräch mit einem Menschen hat man das Verlangen, einen Hund zu streicheln, einem Affen zuzunicken und vor einem Elefanten den Hut zu ziehen.

Maxim Gorki, russischer Schriftsteller
geb. 16. Märzjul./ 28. März 1868greg. in Nischni Nowgorod; gest. 18. Juni 1936 in Gorki-10, westlich von Moskau, lebte 68 Jahre. (Zitat-Nr 181)

Narren reden tyrannisch.

Bibel, Sprüche Salomos, Bibel - die Heilige Schrift des Christentums, Buch der Sprüche
das Alte Testament entwickelte sich aus dem jüdischen Tanach, das Neue Testament wurde seit Beginn der christlichen Zeitrechnung (Jahr 0) niedergelegt (Zitat-Nr 182)

Die beste Methode, einen Narren von seinem Irrtum zu überzeugen, besteht darin, ihn seine Dummheiten ausführen zu lassen.

Josh Billings, US-amerikanischer Schriftsteller
geb. April 1818 in Massachusetts; gest. 14. Oktober 1885 in Monterey, Kalifornien, lebte 67 Jahre. (Zitat-Nr 183)

Niemand glaubt sich geeigneter, einen Menschen von Geist zu
hintergehen, als ein Dummkopf.

Marquis de Vauvenargues, französischer Philosoph und Schriftsteller.
geb. 6. August 1715 in Aix-en-Provence; gest. 28. Mai 1747 in Paris,
lebte 32 Jahre. (Zitat-Nr 184)

Es kann nichts Unerträglicheres geben als einen dummen Reichen.

Benjamin Franklin, amerikanischer Schriftsteller, Erfinder und Staatsmann
geb. 17. Januar 1706 in Boston, Massachusetts; gest. 17. April 1790 in
Philadelphia, Pennsylvania, lebte 84 Jahre. (Zitat-Nr 185)

Kein altes Übel ist so groß, dass es nicht von einem neuen
übertroffen werden könnte.

Wilhelm Busch, humoristischer Dichter und Zeichner
geb. 15. April 1832 in Wiedensahl; gest. 9. Januar 1908 in Mechtshausen, lebte 76 Jahre. (Zitat-Nr 186)

EINSICHT, KRITIK, RAT

Ich spreche nicht gern mit Leuten, die stets meiner Meinung
sind. Eine Zeitlang macht es Spaß, mit dem Echo zu spielen, auf
die Dauer aber ermüdet es.

Thomas Carlyle, schottischer Lyriker und Historiker
geb. 4. Dezember 1795 in Ecclefechan, Dumfries and Galloway; gest.
5. Februar 1881 in London, lebte 86 Jahre. (Zitat-Nr 187)

Wer an den Spiegel tritt, um sich zu ändern, der hat sich schon geändert.

Seneca, römischer Philosoph
geb. etwa im Jahre 1 in Corduba; gest. 65 n. Chr. bei Rom, lebte 64 Jahre. (Zitat-Nr 188)

Der sich gar zu leicht bereit findet, seine Fehler einzusehen, ist selten der Besserung fähig.

Marie von Ebner-Eschenbach, mährisch-österreichische Schriftstellerin
geb. 13. September 1830 auf Schloss Zdislawitz bei Kremsier in Mähren; gest. 12. März 1916 in Wien, lebte 86 Jahre. (Zitat-Nr 189)

Wenige Dinge auf Erden sind lästiger als die stumme Mahnung, die von einem guten Beispiel ausgeht.

Mark Twain, amerikanischer Autor
geb. 30. November 1835 in Florida, Missouri; gest. 21. April 1910 in Redding, Connecticut, lebte 75 Jahre. (Zitat-Nr 190)

Nur wenige Menschen sind bescheiden genug, um zu ertragen, dass man sie richtig einschätzt.

Marquis de Vauvenargues, französischer Philosoph und Schriftsteller.
geb. 6. August 1715 in Aix-en-Provence; gest. 28. Mai 1747 in Paris, lebte 32 Jahre. (Zitat-Nr 191)

Nur der objektiv, vernünftig denkende Mensch ist das Maß der Dinge.

Sokrates, griechischer Philosoph
470 - 399 v. Chr., lebte 71 Jahre. (Zitat-Nr 192)

Die meisten unserer Fehler erkennen und legen wir erst dann ab, wenn wir sie an anderen entdeckt haben.

Karl Gutzkow, deutscher Schriftsteller
geb. 17. März 1811 in Berlin; gest. 16. Dezember 1878 in Frankfurt-Sachsenhausen, lebte 67 Jahre. (Zitat-Nr 193)

Die Erfahrung lässt sich ein hohes Schulgeld bezahlen, doch sie lehrt wie niemand sonst.

Thomas Carlyle, schottischer Lyriker und Historiker
geb. 4. Dezember 1795 in Ecclefechan, Dumfries and Galloway; gest. 5. Februar 1881 in London, lebte 86 Jahre. (Zitat-Nr 194)

Was einen treffen kann, kann jeden treffen.

Seneca, römischer Philosoph
geb. etwa im Jahre 1 in Corduba; gest. 65 n. Chr. bei Rom, lebte 64 Jahre. (Zitat-Nr 195)

Wer seine Meinung nie zurückzieht, liebt sich selbst mehr als die Wahrheit.

Joseph Joubert, französischer Moralist
geb. 7. Mai 1754 in Montignac, Périgord; gest. 4. Mai 1824 in Paris, lebte 70 Jahre. (Zitat-Nr 196)

Nichts lernen wir so spät und verlernen wir so früh, als zugeben, dass wir Unrecht haben.

Marie von Ebner-Eschenbach, mährisch-österreichische Schriftstellerin
geb. 13. September 1830 auf Schloss Zdislawitz bei Kremsier in Mähren; gest. 12. März 1916 in Wien, lebte 86 Jahre. (Zitat-Nr 197)

<u>ENTSCHEIDUNG</u>

Es gibt Dinge, die man bereut,ehe man sie tut. Und man tut sie doch.

Christian Friedrich Hebbel, deutscher Dramatiker
geb. 18. März 1813 in Wesselburen, Dithmarschen; gest. 13. Dezember 1863 in Wien, lebte 50 Jahre. (Zitat-Nr 198)

Man sage nicht, am schwersten sei die Tat; da hilft der Mut, der Augenblick, die Regung. Das Schwerste dieser Welt ist der Entschluss.

Franz Grillparzer, österreichischer Schriftsteller und Dramatiker
geb. 15. Januar 1791 in Wien; gest. 21. Januar 1872 ebendort, lebte 81 Jahre. (Zitat-Nr 199)

Gleich zu sein unter Gleichen, das lässt sich schwer erreichen; du müsstest ohne Verdrießen wie der Schlechteste zu sein dich entschließen.

Johann Wolfgang von Goethe, der wohl größte deutsche Dichter
geb. 28. August 1749 in Frankfurt am Main als Johann Wolfgang Goethe; gest. 22. März 1832 in Weimar, geadelt 1782, lebte 83 Jahre. (Zitat-Nr 200)

Ein kluger Entschluss reift unverhofft, blitzschnell und ohne Erwägung. Doch Dummheiten machen wir allzu oft nach reiflicher Überlegung.

Oskar Blumenthal, deutscher Schriftsteller
geb. 13. März 1852 in Berlin; gest. 24. April 1917 ebendort, lebte 65 Jahre. (Zitat-Nr 201)

Sobald man in einer Sache Meister geworden ist, soll man in einer neuen Schüler werden.

Gerhart Hauptmann, deutscher Dramatiker und Schriftsteller
geb. 15. November 1862 in Ober Salzbrunn (Szczawno-Zdrój) in Schlesien; gest. 6. Juni 1946 in Agnetendorf (Agnieszków) in Schlesien, lebte 84 Jahre. (Zitat-Nr 202)

Wenn deine Grundsätze dich traurig machen, verlass dich drauf: Sie sind falsch.

Robert L. Stevenson, schottischer Schriftsteller
geb. 13. November 1850 in Edinburgh; gest. 3. Dezember 1894 in Vailima, nahe Apia, Samoa, lebte 44 Jahre. (Zitat-Nr 203)

Ein Scherz, ein lachend' Wort entscheidet oft die größten Sachen treffender und besser als Ernst und Schärfe.

Horaz, römischer Dichter
geb. 65 v. Chr. in Venusia; gest. 27. November 8 v. Chr., lebte 57 Jahre. (Zitat-Nr 204)

Was wir heute tun, entscheidet darüber, wie die Welt morgen aussieht.

Marie von Ebner-Eschenbach, mährisch-österreichische Schriftstellerin
geb. 13. September 1830 auf Schloss Zdislawitz bei Kremsier in Mähren; gest. 12. März 1916 in Wien, lebte 86 Jahre. (Zitat-Nr 205)

Es ist besser, ein Problem zu erörtern, ohne es zu entscheiden,
als zu entscheiden, ohne es erörtert zu haben.

Joseph Joubert, französischer Moralist
geb. 7. Mai 1754 in Montignac, Périgord; gest. 4. Mai 1824 in Paris,
lebte 70 Jahre. (Zitat-Nr 206)

Es ist kaum zu glauben, wie schlau und erfinderisch Menschen
sind, um Entscheidungen aus dem Wege zu gehen.

Sören Kierkegaard, dänischer Philosoph und Theologe
geb. 5. Mai 1813 in Kopenhagen; gest. 11. November 1855 ebendort,
lebte 42 Jahre. (Zitat-Nr 207)

FAULHEIT

Faulheit findet alles schwer, der Fleiß macht alles leicht.

Johann Jakob Engel, deutscher Schriftsteller und Philosoph
geb. 11. September 1741 in Parchim; gest. 28. Juni 1802 ebendort,
lebte 61 Jahre. (Zitat-Nr 208)

Das ist die gemeinste Faulheit: die des Denkens.

Anton Tschechow, russischer Schriftsteller
geb. 1860 in Taganrog, Russland; gest. 1904 in Badenweiler, Deutsches Reich, lebte 44 Jahre. (Zitat-Nr 209)

Die Mittelmäßigkeit verurteilt meist alles, was ihren Horizont
übersteigt.

Francois de La Rochefoucauld, französischer Moralist und Literat
geb. 15. September 1613 in Paris; gest. 17. März 1680 ebendort, lebte
67 Jahre. (Zitat-Nr 210)

Nichtstun ist eine der größten und verhältnismäßig leicht zu
beseitigenden Dummheiten.

Franz Kafka, deutschsprachiger Schriftsteller
geb. 3. Juli 1883 in Prag, Österreich-Ungarn; gest. 3. Juni 1924 in Klosterneuburg-Kierling, Österreich), lebte 41 Jahre. (Zitat-Nr 211)

Lob der Faulheit

Faulheit, endlich muß ich dir
Auch ein kleines Loblied bringen!
O! ... Wie ... sauer ... wird es mir
Dich nach Würde zu besingen!
Doch ich will mein Bestes tun:
Nach der Arbeit ist gut ruhn.

Höchstes Gut, wer dich nur hat,
Dessen ungestörtes Leben. . .
Ach! ... ich gähn! ... ich ... werde matt.
Nun, so magst du mir''s vergeben,
Daß ich dich nicht singen kann:
Du verhinderst mich ja dran.

Gotthold Ephraim Lessing, Dichter der deutschen Aufklärung
geb. 22. Januar 1729 in Kamenz, Markgraftum Oberlausitz; gest. 15.
Februar 1781 in Braunschweig, lebte 52 Jahre. (Zitat-Nr 212)

Wenn ein Mensch keinen Grund hat, etwas zu tun, hat er einen Grund, es nicht zu tun.

Walter Scott, schottischer Dichter, Autor historischer Abenteuerromane
geb. 15. August 1771 in Edinburgh; gest. 21. September 1832 in Abbotsford, lebte 61 Jahre. (Zitat-Nr 213)

Faulheit ist die Angewohnheit, sich auszuruhen, bevor man müde wird.

Jules Renard, französischer Schriftsteller
geb. 22. Februar 1864 in Châlons-du-Maine; gest. 22. Mai 1910 in Paris, lebte 46 Jahre. (Zitat-Nr 214)

Faulheit ist der Hang zur Ruhe ohne vorhergehende Arbeit.

Immanuel Kant, deutscher Philosoph
geb. 22. April 1724 in Königsberg, Preußen; gest. 12. Februar 1804 in Königsberg, lebte 80 Jahre. (Zitat-Nr 215)

FLEIß

Den Gebrauch der Kräfte, die man hat, ist man denen schuldig, die sie nicht haben.

Carl Schurz, radikaldemokratischer deutscher Revolutionär
geb. 2. März 1829 in Liblar, Preußische Rheinprovinz; gest. 14. Mai 1906 in New York, lebte 77 Jahre. (Zitat-Nr 216)

Wem viel gegeben ist, von dem wird viel verlangt.

Ernst Freiherr von Feuchtersleben, österreichischer Philosoph, Arzt und Lyriker
geb. 29. April 1806 in Wien; gest. 3. September 1849 ebendort, lebte 43 Jahre. (Zitat-Nr 217)

Was aber ist deine Pflicht? Die Forderung des Tages.

Johann Wolfgang von Goethe, der wohl größte deutsche Dichter
geb. 28. August 1749 in Frankfurt am Main als Johann Wolfgang Goethe; gest. 22. März 1832 in Weimar, geadelt 1782, lebte 83 Jahre. (Zitat-Nr 218)

Was hilft aller Sonnenaufgang, wenn wir nicht aufstehen.

Georg Christoph Lichtenberg, deutscher Mathematiker und Aphoristiker
geb. 1. Juli 1742 in Ober-Ramstadt bei Darmstadt; gest. 24. Februar 1799 in Göttingen, lebte 57 Jahre. (Zitat-Nr 219)

Das Wort ist wie im Meer ein Pfad, doch tiefe Wegspur lässt die Tat.

Henrik Ibsen, norwegischer Dramatiker
geb. 20. März 1828 in Skien; gest. 23. Mai 1906 in Christiania, lebte 78 Jahre. (Zitat-Nr 220)

Man kann sich viel leichter krank faulenzen als krank arbeiten.

Peter Rosegger, österreichischer Schriftsteller
eigentlich Roßegger; geb. 31. Juli 1843 in Alpl, Steiermark; gest. 26. Juni 1918 in Krieglach, lebte 75 Jahre. (Zitat-Nr 221)

Streue nur gute Körner aus und sorge nicht, was aus ihnen wird.

Theodor Fontane, deutscher Schriftsteller
geb. 30. Dezember 1819 in Neuruppin; gest. 20. September 1898 in Berlin, lebte 79 Jahre. (Zitat-Nr 222)

Eine Stunde konzentrierter Arbeit hilft mehr, deine Lebensfreude anzufachen, deine Schwermut zu überwinden und dein Schiff wieder flott zu machen, als ein Monat dumpfen Brütens.

Benjamin Franklin, amerikanischer Schriftsteller, Erfinder und Staatsmann
geb. 17. Januar 1706 in Boston, Massachusetts; gest. 17. April 1790 in Philadelphia, Pennsylvania, lebte 84 Jahre. (Zitat-Nr 223)

Bei euch Menschen ist der immer willkommen, der sich unentbehrlich zu machen weiß.

Johann Gottfried von Herder, deutscher Dichter und Theologe
geb. 25. August 1744 in Mohrungen, Königreich Preußen; gest. 18. Dezember 1803 in Weimar, Herzogtum Sachsen-Weimar-Eisenach, lebte 59 Jahre. (Zitat-Nr 224)

<u>KÖNNEN</u>

Der Mensch muß am längsten lernen, weil er am meisten zu lernen hat, da bei ihm alles auf eigen erlangte Fertigkeit, Vernunft und Kunst ankommt.

Johann Gottfried von Herder, deutscher Dichter und Theologe
geb. 25. August 1744 in Mohrungen, Königreich Preußen; gest. 18. Dezember 1803 in Weimar, Herzogtum Sachsen-Weimar-Eisenach, lebte 59 Jahre. (Zitat-Nr 225)

Das Wollen ist uns gegeben auf Grund unserer freien Willensentscheidung, nicht aber das Können dessen, was wir wollen.

Bernhard von Clairvaux, Mönch des Zisterzienserordens, Kreuzzugsprediger
geb. um 1090 auf Burg Fontaine-lès-Dijon bei Dijon; gest. 20. August 1153 in Clairvaux bei Troyes, lebte 63 Jahre. (Zitat-Nr 226)

Es gibt nur eine Regel unter Amerikanern: Die Werkzeuge denen, die damit umgehen können.

Andrew Carnegie, amerikanischer Industrieller in der Stahlbranche
geb. 25. November 1835 in Dunfermline, Grafschaft Fife, Schottland; gest. 11. August 1919 in Lenox, Massachusetts, lebte 84 Jahre. (Zitat-Nr 227)

Der Weg des Menschen besteht in der Geschicklichkeit zu möglichst vielem, in der Genügsamkeit mit möglichst wenigem und in der Entschlossenheit zu allem Guten.

Johannes von Müller, Schweizer Historiker und Staatsmann
geb. am 3. Januar 1752 in Schaffhausen; gest. 29. Mai 1809 in Kassel, lebte 57 Jahre. (Zitat-Nr 228)

Mit einem Talent mehr steht man oft unsicherer als mit einem weniger: Wie der Tisch besser auf drei als auf vier Füßen steht.

Friedrich Nietzsche, deutscher klassischer Philologe und Philosoph
geb. 15. Oktober 1844 in Röcken; gest. 25. August 1900 in Weimar, lebte 56 Jahre. (Zitat-Nr 229)

Das Geheimnis des Könnens liegt im Wollen.

Giuseppe Mazzini, italienischer Freiheitskämpfer
geb. 22. Juni 1805 in Genua; gest. 10. März 1872 in Pisa, lebte 67 Jahre. (Zitat-Nr 230)

Weltverbesserer gibt es genug, aber einen Nagel richtig einschlagen können die wenigsten.

Henrik Ibsen, norwegischer Dramatiker
geb. 20. März 1828 in Skien; gest. 23. Mai 1906 in Christiania, lebte 78 Jahre. (Zitat-Nr 231)

Was wir am nötigsten brauchen, ist ein Mensch, der uns zwingt, das zu tun, was wir können.

Ralph Waldo Emerson, amerikanischer Philosoph und Schriftsteller
geb. 25. Mai 1803 in Boston, Massachusetts; gest. 27. April 1882 in Concord, Massachusetts, lebte 79 Jahre. (Zitat-Nr 232)

Es ist falsch, daß Gleichheit ein Naturgesetz sei. Die Natur hat nichts Gleiches erschaffen. Ihr oberstes Gesetz ist Unterordnung und Abhängigkeit.

Luc de Clapiers, Marquis de Vauvenargues, französischer Schriftsteller und Philosoph
geb. 6. August 1715 in Aix-en-Provence; gest. 28. Mai 1747 in Paris, lebte 32 Jahre. (Zitat-Nr 233)

Ohne Ordnung geht nichts in der Welt. Ordnung aber bedeutet für jedes geschaffene Wesen: Unterordnung.

Julius Langbehn, deutscher Schriftsteller
geb. 26. März 1851 in Hadersleben; gest. 30. April 1907 in Rosenheim, lebte 56 Jahre. (Zitat-Nr 234)

Ehrfurcht, Treue, Gewissenhaftigkeit, Aufopferung, Glaube, Unterordnung unter das Höhere – alle Tugenden sind ewige Forderungen an uns, die wir in den Formen des geschichtlichlichen Lebens immer neu erfüllen müssen.

Paul Ernst, deutscher Schriftsteller
geb. 7. März 1866 in Elbingerode (Harz); gest. 13. Mai 1933 in Sankt Georgen an der Stiefing, Steiermark, lebte 67 Jahre. (Zitat-Nr 235)

Mit wahrhaft Gleichgesinnten kann man sich auf die Länge
nicht entzweien, man findet sich immer wieder einmal zusammen.; mit eigentlich Widergesinnten versucht man umsonst,
Einigkeit zu halten, es bricht immer wieder einmal auseinan-
der.

Johann Wolfgang von Goethe, der wohl größte deutsche Dichter
geb. 28. August 1749 in Frankfurt am Main als Johann Wolfgang Goethe; gest. 22. März 1832 in Weimar, geadelt 1782, lebte 83 Jahre. (Zitat-Nr 236)

Wir müssen uns die Menschen nach ihrer Art verbindlich machen, nicht nach der unsrigen.

Georg Christoph Lichtenberg, deutscher Mathematiker und Aphoristiker
geb. 1. Juli 1742 in Ober-Ramstadt bei Darmstadt; gest. 24. Februar
1799 in Göttingen, lebte 57 Jahre. (Zitat-Nr 237)

Wir kommen nie aus den Traurigkeiten heraus, wenn wir uns
ständig den Puls fühlen.

Martin Luther, theologischer Begründer der Reformation
geb. 10. November 1483 in Eisleben, Grafschaft Mansfeld; gest. 18.
Februar 1546 ebendort, lebte 63 Jahre. (Zitat-Nr 238)

Alles, was etwas Gemeinsames hat, strebt zum Verwandten.

Mark Aurel, römischer Kaiser und Philosoph
geb. 26. April 121 in Rom; gest. 17. März 180 in Vindobona oder eventuell Sirmium, lebte 59 Jahre. (Zitat-Nr 239)

Wo wir nichts erfinden können, sollten wir wenigstens verbessern.

Charles Caleb Colton, englischer Kleriker, Schriftsteller und Sammler
1780-1832, lebte 52 Jahre. (Zitat-Nr 240)

Im Menschenleben ist''s wie im Würfelspiel: Fällt auch der Wurf nicht so, wie du ihn am meisten wünschst, so muß die Kunst verbessern, was der Zufall bot.

Terenz, Komödiendichter der römischen Antike
geb. 190 v. Chr., gest. 159 v. Chr., lebte 31 Jahre. (Zitat-Nr 241)

Die Welt ist das Dasein Gottes nicht in ruhiger Weise, sondern so, daß Gott sein Dasein darin stets verbessert, stets auf neue eine geringere Form durch eine bessere beschämt. Gott ist eben diese wunderbare und heilige Unruhe.

Friedrich Theodor Vischer, deutscher Literaturwissenschaftler und Philosoph
geb. 30. Juni 1807 in Ludwigsburg; gest. 14. September 1887 in Gmunden am Traunsee, lebte 80 Jahre. (Zitat-Nr 242)

Zu Ansehen gelangt man, indem man sich zu werden bemüht, als was man gerne gelten möchte.

Sokrates, griechischer Philosoph
470 - 399 v. Chr., lebte 71 Jahre. (Zitat-Nr 243)

Kein Mensch will etwas werden, jeder will schon etwas sein.

Johann Wolfgang von Goethe, der wohl größte deutsche Dichter
geb. 28. August 1749 in Frankfurt am Main als Johann Wolfgang Goethe; gest. 22. März 1832 in Weimar, geadelt 1782, lebte 83 Jahre. (Zitat-Nr 244)

Die Bücher machen nicht gut oder schlecht, nur besser oder schlechter.

Jean Paul, deutscher Schriftsteller
geb. 21. März 1763 in Wunsiedel; gest. 14. November 1825 in Bayreuth, lebte 62 Jahre. (Zitat-Nr 245)

Nichts ist erbärmlicher als die Resignation, die zu früh kommt.

Marie von Ebner-Eschenbach, mährisch-österreichische Schriftstellerin
geb. 13. September 1830 auf Schloss Zdislawitz bei Kremsier in Mähren; gest. 12. März 1916 in Wien, lebte 86 Jahre. (Zitat-Nr 246)

Ich habe mich stets bemüht, die, mit denen ich verkehrte, besser zu machen.

Sokrates, griechischer Philosoph
470 - 399 v. Chr., lebte 71 Jahre. (Zitat-Nr 247)

Klugheit, Bildung, Wissen

Der ist wahrlich zu beklagen, der zum Diener ward verdammt:
Mag man noch so Kluges sagen, hat der Herr allein Verstand.

Franz Grillparzer, österreichischer Schriftsteller und Dramatiker
geb. 15. Januar 1791 in Wien; gest. 21. Januar 1872 ebendort, lebte
81 Jahre. (Zitat-Nr 248)

Bildung ist ein durchaus relativer Begriff. Gebildet ist jeder, der
das hat, was er für seinen Lebenskreis braucht. Was darüber,
das ist vom Übel.

Christian Friedrich Hebbel, deutscher Dramatiker
geb. 18. März 1813 in Wesselburen, Dithmarschen; gest. 13. Dezember 1863 in Wien, lebte 50 Jahre. (Zitat-Nr 249)

Die Autorität des Lehrers schadet oft denen, die lernen wollen.

Cicero, römischer Politiker, Schriftsteller und Philosoph
geb. 106 v. Chr; gest. 43 v. Chr., lebte 63 Jahre. (Zitat-Nr 250)

Gelehrte sind Menschen, die sich von normalen Sterblichen
durch die anerworbene Fähigkeit unterscheiden, sich an weitschweifigen und komplizierten Irrtümern zu ergötzen.

Anatole France, französischer Schriftsteller
geb. 16. April 1844 in Paris; gest. 12. Oktober 1924 in Saint-Cyr-sur-Loire, lebte 80 Jahre. (Zitat-Nr 251)

Erfolgreich ist, wer weiß, was er nicht kann.

Georg Christoph Lichtenberg, deutscher Mathematiker und Aphoristiker
geb. 1. Juli 1742 in Ober-Ramstadt bei Darmstadt; gest. 24. Februar 1799 in Göttingen, lebte 57 Jahre. (Zitat-Nr 252)

Die Welt kommt nur durch die außerordentlichen Köpfe weiter, aber sie erhält ihre Dauer von den gemäßigten.

Paul Valéry, französischer Lyriker und Philosoph
geb. 30. Oktober 1871 in Sète, Languedoc-Roussillon; gest. 20. Juli 1945 in Paris, lebte 74 Jahre. (Zitat-Nr 253)

Gebildete und erfahrene Männer sind stets die nachsichtigsten und duldsamsten, während unwissende und engherzige Personen nachtragen und keine Rücksicht kennen.

Samuel Smiles, schottischer Schriftsteller
geb. 23. Dezember 1812 in Haddington, East Lothian Schottland; gest. 16. April 1904 in Kensington, lebte 92 Jahre. (Zitat-Nr 254)

Lerne zuhören, und du wirst auch von denjenigen Nutzen ziehen, die dummes Zeug reden.

Platon, antiker griechischer Philosoph
geb. 427 v. Chr; gest. 347 v. Chr. in Athen, lebte 80 Jahre. (Zitat-Nr 255)

Die wahren Eroberungen, die keine Reue hinterlassen, sind
Siege über die Unwissenheit.

Napoleon I., französischer General und Kaiser
geb. 15. August 1769 in Ajaccio auf Korsika als Napoleone Buonaparte; gest. 5. Mai 1821 in Longwood House auf St. Helena im Südatlantik, lebte 52 Jahre. (Zitat-Nr 256)

Ein Weiser nutzt seine Feinde besser aus als ein Narr seine
Freunde.

Balthasar Gracian y Morales, spanischer Schriftsteller und Jesuit
geb. 8. Januar 1601 in Belmonte bei Calatayud; gest. 6. Dezember
1658 in Tarazona, Aragonien, lebte 57 Jahre. (Zitat-Nr 257)

Es gibt nur ein einziges Gut für den Menschen: die Wissen-
schaft, und nur ein einziges Übel: die Unwissenheit.

Sokrates, griechischer Philosoph
470 - 399 v. Chr., lebte 71 Jahre. (Zitat-Nr 258)

Der Mensch hat dreierlei Wege, klug zu handeln: erstens durch
Nachdenken, das ist der edelste, zweitens durch Nachahmen,
das ist der leichteste, und drittens durch Erfahrung, das ist der
bitterste.

Konfuzius, chinesischer Philosoph
551 v. Chr. bis 479 v. Chr., lebte 72 Jahre. (Zitat-Nr 259)

Wer nicht kann, was er will, muss das wollen, was er kann.

Leonardo da Vinci, einer der berühmtesten Universalgelehrten aller
Zeiten
geb. 15. April 1452 in Anchiano bei Vinci; gest. 2. Mai 1519 in Schloss
Clos Lucé, Amboise, lebte 67 Jahre. (Zitat-Nr 260)

GEDULD VS HAST UND ÜBEREIFER

Sei geduldig mit allen Fragen in deinem Herzen, und versuche,
die Fragen an sich zu schätzen.

Rainer Maria Rilke, deutscher Lyriker
geb. 4. Dezember 1875 in Prag; gest. 29. Dezember 1926 in Sanatorium Valmont bei Montreux, Schweiz, lebte 51 Jahre. (Zitat-Nr 261)

Dulde mein Freund! Geduld ist die schönste Zierde der Edlen.

Johann Gottfried von Herder, deutscher Dichter und Theologe
geb. 25. August 1744 in Mohrungen, Königreich Preußen; gest. 18.
Dezember 1803 in Weimar, Herzogtum Sachsen-Weimar-Eisenach,
lebte 59 Jahre. (Zitat-Nr 262)

Geduld ist das größte Gebet.

Laotse oder Lao-Tse, Laozi, legendärer chinesischer Philosoph
lebte im 6. Jahrhundert vor Christus (Zitat-Nr 263)

Es ist nichts schrecklicher als Macht und Übereilung.

Johann Wolfgang von Goethe, der wohl größte deutsche Dichter
geb. 28. August 1749 in Frankfurt am Main als Johann Wolfgang Goethe; gest. 22. März 1832 in Weimar, geadelt 1782, lebte 83 Jahre. (Zitat-Nr 264)

Geduld und Zähigkeit helfen uns in schlimmen Tagen viel mehr als Kraft und Raserei.

Jean de la Fontaine, französischer Schriftsteller
geb. 8. Juli 1621 in Château-Thierry; gest. 13. April 1695 in Paris, lebte 74 Jahre. (Zitat-Nr 265)

Vom Unglück erst zieh ab die Schuld; was übrig ist, trag in Geduld!

Theodor Storm, deutscher Schriftsteller
geb. 14. September 1817 in Husum; gest. 4. Juli 1888 in Hanerau-Hademarschen, lebte 71 Jahre. (Zitat-Nr 266)

Nichtstun ist besser als mit vieler Mühe nichts schaffen.

Laotse oder Lao-Tse, Laozi, legendärer chinesischer Philosoph
lebte im 6. Jahrhundert vor Christus (Zitat-Nr 267)

Sei nicht ungeduldig, wenn man deine Argumente nicht gelten lässt.

Johann Wolfgang von Goethe, der wohl größte deutsche Dichter
geb. 28. August 1749 in Frankfurt am Main als Johann Wolfgang Goethe; gest. 22. März 1832 in Weimar, geadelt 1782, lebte 83 Jahre. (Zitat-Nr 268)

GESCHICKLICHKEIT UND GLÜCK

Vorsicht

Vernunft ist Großgeld, Verstand Kleingeld.

Theodor Gottlieb von Hippel, deutscher Schriftsteller und Staatsmann
geb. 31. Januar 1741 in Gerdauen / Ostpreußen; gest. 23. April 1796
in Königsberg / Ostpreußen, lebte 55 Jahre. (Zitat-Nr 269)

Der Ängstliche heißt sich selbst vorsichtig, der Habsüchtige einen sparsamen Menschen.

Publilius Syrus, römischer Mimen-Autor
lebte im 1. Jhd. Vor Christus (Zitat-Nr 270)

Vorsicht im Vertrauen ist allerdings notwendig; aber noch not-
wendiger ist Vorsicht im Mißtrauen.

Josef von Eötvös, ungarischer Schriftsteller und Politiker
geb. 13. September 1813 in Buda; gest. 2. Februar 1871 in Pest, lebte
58 Jahre. (Zitat-Nr 271)

Oft habe ich über die die Ursachen des Glücks und Unglücks der Menschen nachgedacht und glaube sie darin gefunden zu haben, daß ihre Handlungsweise in ihre Zeit paßt oder nicht paßt. Die Menschen gehen bei ihren Handlungen, die einen mit Ungestüm, die anderen mit Zögern und Vorsicht zu Werke. Nun wird zwar in beiden Fällen die gehörige Grenze überschritten, da man nicht auf dem rechten Wege bleiben kann, und so in beidem gefehlt. Allein der fehlt weniger und hat günstige Erfolge, dessen Art zu handeln in seine Zeit paßt. Immer und immer jedoch tut der Mensch nur das, wozu ihn seine Natur zwingt.

Niccolo Macchiavelli, florentinischer Philosoph, Politiker und Dichter
geb. 3. Mai 1469 in Florenz, Republik Florenz; gest. 21. Juni 1527
ebendort, lebte 58 Jahre. (Zitat-Nr 272)

Ein guter Name geht in Augenblicken verloren; ein schlechter wird in Jahren nicht zu einem guten.

Jeremias Gotthelf, Schweizer Schriftsteller
geb. 4. Oktober 1797 in Murten; gest. 22. Oktober 1854 in Lützelflüh,
lebte 57 Jahre. (Zitat-Nr 273)

Das ist die vernünftigste Vernunft, die im Dunkel stille zu stehen und auf das Licht zu warten weiß.

Ulrich Hegner, Schweizer Schriftsteller
geb. 7. Februar 1759 in Winterthur; gest. 3. Januar 1840 ebendort,
lebte 81 Jahre. (Zitat-Nr 274)

Das bessere Teil der Tapferkeit ist Vorsicht.

William Shakespeare, englischer Dramatiker
geb. 26. April 1564 in Stratford-upon-Avon; gest. 23. April 1616 in
Stratford-upon-Avon, lebte 52 Jahre. (Zitat-Nr 275)

STOLZ, HOCHMUT, TROTZ, ÜBERHEBLICHKEIT

Einbildung mag einen Menschen aufblasen, aber nie stützen.

John Ruskin, britischer Schriftsteller und Maler
geb. 8. Februar 1819 in London; gest. 20. Januar 1900 in Brantwood,
Lake District in Cumbria, lebte 81 Jahre. (Zitat-Nr 276)

Noch keinen sah ich fröhlich enden, auf den mit immer vollen
Händen die Götter ihre Gaben streun.

Friedrich von Schiller, deutscher Dichter und Philosoph
geb. 10. November 1759 in Marbach am Neckar, Württemberg; gest.
9. Mai 1805 in Weimar, Sachsen-Weimar, lebte 46 Jahre. (Zitat-Nr
277)

Arroganz ist die Karikatur des Stolzes.

Ernst Freiherr von Feuchtersleben, österreichischer Philosoph, Arzt
und Lyriker
geb. 29. April 1806 in Wien; gest. 3. September 1849 ebendort, lebte
43 Jahre. (Zitat-Nr 278)

Das sicherste Mittel, betrogen zu werden, ist der Glaube, feiner zu sein als die anderen.

Francois de La Rochefoucauld, französischer Moralist und Literat
geb. 15. September 1613 in Paris; gest. 17. März 1680 ebendort, lebte 67 Jahre. (Zitat-Nr 279)

Am Throne gibt es fast für niemanden Geheimnisse als für den, der darauf sitzt.

Jean Paul, deutscher Schriftsteller
geb. 21. März 1763 in Wunsiedel; gest. 14. November 1825 in Bayreuth, lebte 62 Jahre. (Zitat-Nr 280)

Das Unglück ist, dass jeder denkt, der andere ist wie er, und dabei übersieht, dass es auch anständige Menschen gibt.

Heinrich Zille, deutscher Grafiker
geb. 10. Januar 1858 in Radeburg bei Dresden; gest. 9. August 1929 in Berlin, lebte 71 Jahre. (Zitat-Nr 281)

Wenn wir fehlerfrei wären, würde es uns nicht so viel Vergnügen bereiten, sie an anderen festzustellen.

Horaz, römischer Dichter
geb. 65 v. Chr. in Venusia; gest. 27. November 8 v. Chr., lebte 57 Jahre. (Zitat-Nr 282)

Jeder übermütige Sieger arbeitet an seinem Untergang.

Jean de la Fontaine, französischer Schriftsteller
geb. 8. Juli 1621 in Château-Thierry; gest. 13. April 1695 in Paris, lebte 74 Jahre. (Zitat-Nr 283)

Schmeicheleien sind wie Falschgeld, sie machen den ärmer,
der sie empfängt.

Herbert George Wells, englischer Schriftsteller
geb. 21. September 1866 in Bromley; gest. 13. August 1946 in London, lebte 80 Jahre. (Zitat-Nr 284)

Es ist leicht zu verachten, Sohn, aber verstehen ist viel besser.

Matthias Claudius, deutscher Dichter und Journalist
geb. 15. August 1740 in Reinfeld (Holstein); gest. 21. Januar 1815 in Hamburg, lebte 75 Jahre. (Zitat-Nr 285)

Die Undankbarkeit ist eine Tochter des Stolzes.

Miguel de Cervantes, spanischer Schriftsteller
geb. 1547; gest. 1616 in Madrid, lebte 69 Jahre. (Zitat-Nr 286)

Wer zu laut und zu oft seinen eigenen Namen kräht, erweckt
den Verdacht, auf einem Misthaufen zu stehen.

Otto von Leixner, österreichisch-deutscher Schriftsteller
geb. 24. April 1847 in Schloß Saar, Mähren; gest. 12. April 1907 in Groß-Lichterfelde, lebte 60 Jahre. (Zitat-Nr 287)

Man muss sich nicht aus Eigensinn auf die schlechtere Seite
stellen, wenn sich der Gegner bereits auf die bessere gestellt
hat.

Balthasar Gracian y Morales, spanischer Schriftsteller und Jesuit
geb. 8. Januar 1601 in Belmonte bei Calatayud; gest. 6. Dezember 1658 in Tarazona, Aragonien, lebte 57 Jahre. (Zitat-Nr 288)

Wer nach den Sternen reisen will, der sehe sich nicht nach Gesellschaft um.

Christian Friedrich Hebbel, deutscher Dramatiker
geb. 18. März 1813 in Wesselburen, Dithmarschen; gest. 13. Dezember 1863 in Wien, lebte 50 Jahre. (Zitat-Nr 289)

Diskussionen haben lediglich einen Wert: dass einem gute Gedanken hinterher einfallen.

Charles de Montesquieu, französischer Schriftsteller und Philosoph
geb. 1689 bei Bordeaux; gest. 10. Februar 1755 in Paris, lebte 66 Jahre. (Zitat-Nr 290)

Die Schule sei keine Tretmühle, sondern ein heiterer Tummelplatz des Geistes.

Johannes Amos Comenius, mährischer Philosoph
geb. 28. März 1592; gest. 15. November 1670 in Amsterdam, lebte 78 Jahre. (Zitat-Nr 291)

Ein geistreicher Mensch wäre oft recht in Verlegenheit ohne die Gesellschaft der Dummköpfe.

Francois de La Rochefoucauld, französischer Moralist und Literat
geb. 15. September 1613 in Paris; gest. 17. März 1680 ebendort, lebte 67 Jahre. (Zitat-Nr 292)

Wohlbehagen ermattet den Geist, Schwierigkeiten erzieht und kräftigt ihn.

Francesco Petrarca, italienischer Dichter
geb. 20. Juli 1304 in Arezzo; gest. 19. Juli 1374 in Arquà Petrarca, lebte 70 Jahre. (Zitat-Nr 293)

Geistige Größe kann alle körperlichen Gebrechen unsichtbar machen

Dschuang Dsi, chinesischer Philosoph und Dichter
geb. um 365 v. Chr.; gest. 290 v. Chr., lebte 75 Jahre. (Zitat-Nr 294)

Langweilig ist, wer ein paar alte Gedanken hat, die ihm alle Tage neu einfallen.

Marie von Ebner-Eschenbach, mährisch-österreichische Schriftstellerin
geb. 13. September 1830 auf Schloss Zdislawitz bei Kremsier in Mähren; gest. 12. März 1916 in Wien, lebte 86 Jahre. (Zitat-Nr 295)

Genie ist ein Prozent Inspiration und neunundneunzig Prozent Transpiration.

Thomas A. Edison, amerikanischer Erfinder und Industrieller
geb. 11. Februar 1847 in Milan, Ohio; gest. 18. Oktober 1931 in West Orange, New Jersey, lebte 84 Jahre. (Zitat-Nr 296)

Die beste Art sich zu rächen ist: nicht Gleiches mit Gleichem zu vergelten.

Mark Aurel, römischer Kaiser und Philosoph
geb. 26. April 121 in Rom; gest. 17. März 180 in Vindobona oder eventuell Sirmium, lebte 59 Jahre. (Zitat-Nr 297)

Recht ist der Schutz des Menschen vor dem Menschen durch den Menschen um Gottes Willen.

Franz Werfel, österreichischer Schriftsteller
geb. 10. September 1890 in Prag, Königreich Böhmen, Österreich-Ungarn; gest. 26. August 1945 in Beverly Hills, Kalifornien, Vereinigte Staaten, lebte 55 Jahre. (Zitat-Nr 298)

Gesetz ist mächtig, mächtiger die Not.

Johann Wolfgang von Goethe, der wohl größte deutsche Dichter
geb. 28. August 1749 in Frankfurt am Main als Johann Wolfgang Goethe; gest. 22. März 1832 in Weimar, geadelt 1782, lebte 83 Jahre. (Zitat-Nr 299)

Ein wesentlicher Umstand bei der Gerechtigkeit, die man anderen schuldet, ist, dass man sie ihnen sogleich und ohne Aufschub widerfahren lässt.

Jean de la Bruyère, französischer Schriftsteller
geb. 16. August 1645 in Paris; gest. 10. Mai 1696 in Versailles, lebte 51 Jahre. (Zitat-Nr 300)

Unrecht, durch Unrecht bekämpft, wird noch mächtiger.

Peter Rosegger, österreichischer Schriftsteller
eigentlich Roßegger; geb. 31. Juli 1843 in Alpl, Steiermark; gest. 26.
Juni 1918 in Krieglach, lebte 75 Jahre. (Zitat-Nr 301)

Die schlimmste Art der Ungerechtigkeit ist vorgespielte Gerechtigkeit.

Platon, antiker griechischer Philosoph
geb. 427 v. Chr; gest. 347 v. Chr. in Athen, lebte 80 Jahre. (Zitat-Nr
302)

»Wäre es dir lieber, ich würde zu Recht verurteilt?« (Zu Xanthippe, als sie klagte, daß er zu Unrecht verurteilt werde.)

Sokrates, griechischer Philosoph
470 - 399 v. Chr., lebte 71 Jahre. (Zitat-Nr 303)

Wer dem Verbrechen Nachsicht übt, wird sein Komplize.

Voltaire (François-Marie Arouet), französischer Philosoph und
Schriftsteller
geb. 21. November 1694 in Paris; gest. 30. Mai 1778 ebendort, lebte
84 Jahre. (Zitat-Nr 304)

Wer das Unrecht nicht verbietet, wenn er kann, der befiehlt es.

Mark Aurel, römischer Kaiser und Philosoph
geb. 26. April 121 in Rom; gest. 17. März 180 in Vindobona oder eventuell Sirmium, lebte 59 Jahre. (Zitat-Nr 305)

Das größte Unrecht ist das Recht des Stärkeren.

Marie von Ebner-Eschenbach, mährisch-österreichische Schriftstellerin
geb. 13. September 1830 auf Schloss Zdislawitz bei Kremsier in Mähren; gest. 12. März 1916 in Wien, lebte 86 Jahre. (Zitat-Nr 306)

Güte vergelte ich mit Güte, Feindschaft aber mit Gerechtigkeit.

Konfuzius, chinesischer Philosoph
551 v. Chr. bis 479 v. Chr., lebte 72 Jahre. (Zitat-Nr 307)

Nachsicht ist ein Teil der Gerechtigkeit.

Joseph Joubert, französischer Moralist
geb. 7. Mai 1754 in Montignac, Périgord; gest. 4. Mai 1824 in Paris, lebte 70 Jahre. (Zitat-Nr 308)

Das Recht hat die merkwürdige Eigenschaft, dass man es behalten kann, ohne es zu haben.

Joseph Unger, österreichischer Jurist und Schriftsteller
geb. 2. Juli 1828 in Wien; gest. 2. Mai 1913 ebendort, lebte 85 Jahre. (Zitat-Nr 309)

HÖFLICKEIT UND ANSTAND

Gerade in Kleinigkeiten, als bei welchen der Mensch sich nicht zusammennimmt, zeigt er seinen Charakter.

Arthur Schopenhauer, bedeutender deutscher Philosoph und Autor
geb. 22. Februar 1788 in Danzig; gest. 21. September 1860 in Frankfurt am Main, lebte 72 Jahre. (Zitat-Nr 310)

Beleidigungen sind die Argumente derer, die unrecht haben.

Jean-Jacques Rousseau, französischsprachiger Genfer Schriftsteller,
Philosoph
geb. 28. Juni 1712 in Genf; gest. 2. Juli 1778 in Ermenonville bei Paris,
lebte 66 Jahre. (Zitat-Nr 311)

Das Leben ist eine Taktfrage.

Oscar Wilde, irischer Schriftsteller
geb. 16. Oktober 1854 in Dublin; gest. 30. November 1900 in Paris,
lebte 46 Jahre. (Zitat-Nr 312)

Mancher glaubt, beliebt zu sein - dabei hat man sich nur an
seine Art gewöhnt.

August von Kotzebue, deutscher Dramatiker, Schriftsteller
geb. 3. Mai 1761 in Weimar; gest. 23. März 1819 in Mannheim, lebte
58 Jahre. (Zitat-Nr 313)

Ein verträglicher Mensch ist einer, der mit mir übereinstimmt.

Benjamin Disraeli, britischer Staatsmann und erfolgreicher Schriftsteller
geb. 21. Dezember 1804 in London; gest. 19. April 1881 in Mayfair,
lebte 77 Jahre. (Zitat-Nr 314)

Takt ist der Verstand des Herzens.

Karl Gutzkow, deutscher Schriftsteller
geb. 17. März 1811 in Berlin; gest. 16. Dezember 1878 in Frankfurt-
Sachsenhausen, lebte 67 Jahre. (Zitat-Nr 315)

Ein Gastgeber ist wie ein Feldherr: Erst, wenn etwas schief-
geht, zeigt sich sein Talent.

Horaz, römischer Dichter
geb. 65 v. Chr. in Venusia; gest. 27. November 8 v. Chr., lebte 57
Jahre. (Zitat-Nr 316)

Höflichkeit ist Klugheit. Folglich ist Unhöflichkeit Dummheit.
Sich mittels ihrer unnötiger- und mutwilligerweise Feinde machen ist Raserei.

Arthur Schopenhauer, bedeutender deutscher Philosoph und Autor
geb. 22. Februar 1788 in Danzig; gest. 21. September 1860 in Frankfurt am Main, lebte 72 Jahre. (Zitat-Nr 317)

Ein ewig heiterer Gesichtsausdruck ermüdet uns auf Dauer
weit mehr als ein ständiges Stirnrunzeln.

Oscar Wilde, irischer Schriftsteller
geb. 16. Oktober 1854 in Dublin; gest. 30. November 1900 in Paris,
lebte 46 Jahre. (Zitat-Nr 318)

GEHEIMNISSE BEWAHREN

Niemand schätzt Geheimnisse so sehr wie jene, die sie nicht
für sich behalten können.

Charles Caleb Colton, englischer Kleriker, Schriftsteller und Sammler
1780-1832, lebte 52 Jahre. (Zitat-Nr 319)

Denn man hat über Dinge, die man nicht kennt, immer eine bessere Meinung, und Geheimnisse, die enthüllt werden, fordern oft den Spott heraus.

Gottfried Wilhelm von Leibniz, deutscher Philosoph, Mathematiker geb. 21. Juni 1646 in Leipzig; gest. 14. November 1716 in Hannover, lebte 70 Jahre. (Zitat-Nr 320)

Wehe dem, der sein Geheimnis
Dem Papier anvertraut,
ja, wehe Tausendmal ihm!
Denn die Schrift
Ist ein Stein, den aus den Händen
Auf''s Geratewohl man schleudert,
Und nicht weiß, wen er kann treffen.

Pedro Calderón de la Barca, spanischer Dichter geb. 17. Januar 1600 in Madrid; gest. 25. Mai 1681 ebendort, lebte 81 Jahre. (Zitat-Nr 321)

Forsche nie nach des Nachbarn und des Freundes Geheimnis.

Johann Kaspar Lavater, Schweizer Schriftsteller und Philosoph geb. 15. November 1741 in Zürich; gest. 2. Januar 1801 ebendort, lebte 60 Jahre. (Zitat-Nr 322)

Auch den vertrautesten Freund verschone mit deinem Geheimnis: forderst du Treue von ihm, die du dir selber versagst?

Johann Gottfried von Herder, deutscher Dichter und Theologe geb. 25. August 1744 in Mohrungen, Königreich Preußen; gest. 18. Dezember 1803 in Weimar, Herzogtum Sachsen-Weimar-Eisenach, lebte 59 Jahre. (Zitat-Nr 323)

Wer seine Absicht nicht für sich behalten kann, der wird nie etwas Bedeutendes ausführen.

Samuel Smiles, schottischer Schriftsteller
geb. 23. Dezember 1812 in Haddington, East Lothian Schottland; gest.
16. April 1904 in Kensington, lebte 92 Jahre. (Zitat-Nr 324)

Jeder Mensch ist ein Mond und hat eine dunkle Seite, die er
niemandem zeigt.

Mark Twain, amerikanischer Autor
geb. 30. November 1835 in Florida, Missouri; gest. 21. April 1910 in
Redding, Connecticut, lebte 75 Jahre. (Zitat-Nr 325)

Leichter läßt sich eine glühende Kohle auf der Zunge halten als
ein Geheimnis.

Sokrates, griechischer Philosoph
470 - 399 v. Chr., lebte 71 Jahre. (Zitat-Nr 326)

FEINDSCHAFT UND KAMPF

Ja, wer vom Schicksal ausersehn zu einem sturmbewegten Leben, dem darf kein Weib zur Seite stehn in seinem Kämpfen,
seinem Streben.

Alexander Puschkin, russischer Nationaldichter
geb. 6. Juni 1799 in Moskau; gest. 10. Februar 1837in Sankt Petersburg, lebte 38 Jahre. (Zitat-Nr 327)

Auch der heldenhafteste Mensch kann nicht über seine Kräfte kämpfen.

Wenn du dir Feinde machen willst, versuche etwas zu verändern.

Nicht durch Zorn, sondern durch Lachen tötet man.

Wer als erster die Hand zum Schlage erhebt, gibt zu, dass ihm die Ideen ausgegangen sind.

Sich selbst bekriegen ist der schwerste Krieg, sich selbst besiegen ist der schönste Sieg.

Man ist gegen seine Feinde nicht so ungerecht wie gegen seine Nächsten.

Marquis de Vauvenargues, französischer Philosoph und Schriftsteller. geb. 6. August 1715 in Aix-en-Provence; gest. 28. Mai 1747 in Paris, lebte 32 Jahre. (Zitat-Nr 333)

Ergib dich nicht der Stimmung dessen, der dich beleidigt. Und folge nicht dem Weg, auf den er dich schleppen möchte.

Mark Aurel, römischer Kaiser und Philosoph geb. 26. April 121 in Rom; gest. 17. März 180 in Vindobona oder eventuell Sirmium, lebte 59 Jahre. (Zitat-Nr 334)

Klugheit und Taktik

Was die Menschen wünschen, glauben sie im Allgemeinen gern.

Gajus Julius Caesar, römischer Staatsmann und Feldherr geb. 100 v. Chr.; gest. 44 v. Chr., lebte 56 Jahre. (Zitat-Nr 335)

Diplomaten ärgern sich nie. Sie machen sich Notizen.

Charles Maurice de Talleyrand, Staatsmann in der Zeit der französischen Revolution geb. 2. Februar 1754 in Paris; gest. 17. Mai 1838 ebendort, lebte 84 Jahre. (Zitat-Nr 336)

Man muss Zustimmung für seine Arbeit suchen, nicht Beifall.

Charles de Montesquieu, französischer Schriftsteller und Philosoph
geb. 1689 bei Bordeaux; gest. 10. Februar 1755 in Paris, lebte 66
Jahre. (Zitat-Nr 337)

Wo zwei zusammenstoßen, siegt der Besonnene.

Christian Morgenstern, deutscher Dichter und Schriftsteller
geb. 6. Mai 1871 in München; gest. 31. März 1914 in Untermais, Tirol,
Österreich-Ungarn, lebte 43 Jahre. (Zitat-Nr 338)

Wie vernünftige Menschen oft sehr dumm sind, so sind die
Dummen manchmal sehr gescheit.

Heinrich Heine, deutscher Dichter
geb. 13. Dezember 1797 in Düsseldorf, Herzogtum Berg; gest. 17.
Februar 1856 in Paris, lebte 59 Jahre. (Zitat-Nr 339)

Man muss nicht das Gescheitere tun, sondern das Bessere.

Jakob Boßhart, Schweizer Schriftsteller
geb. 7. August 1862 im Weiler Stürzikon, Gemeinde Oberembrach,
Kanton Zürich; gest. 18. Februar 1924 in Clavadel bei Davos, lebte 62
Jahre. (Zitat-Nr 340)

Weil sie in ihrer Kunst Meister waren, so meinte ein jeder, er
verstehe auch andere Dinge, große und kleine, meisterlich.

Matthias Claudius, deutscher Dichter und Journalist
geb. 15. August 1740 in Reinfeld (Holstein); gest. 21. Januar 1815 in
Hamburg, lebte 75 Jahre. (Zitat-Nr 341)

Ach, selbst das weiseste Sprichwort irrt: Es ist nicht alles Gold,
was geschwiegen wird!

Oskar Blumenthal, deutscher Schriftsteller
geb. 13. März 1852 in Berlin; gest. 24. April 1917 ebendort, lebte 65
Jahre. (Zitat-Nr 342)

Wer zu schmeicheln versteht, versteht auch zu verleumden.

Napoleon I., französischer General und Kaiser
geb. 15. August 1769 in Ajaccio auf Korsika als Napoleone Buonaparte; gest. 5. Mai 1821 in Longwood House auf St. Helena im Südatlantik, lebte 52 Jahre. (Zitat-Nr 343)

Wenn jemand dir die Stiefelsohle leckt, setze den Fuß auf ihn,
bevor er anfängt, dich zu beißen.

Paul Valéry, französischer Lyriker und Philosoph
geb. 30. Oktober 1871 in Sète, Languedoc-Roussillon; gest. 20. Juli
1945 in Paris, lebte 74 Jahre. (Zitat-Nr 344)

Eine gescheite Maus weiß mehr als ein Loch.

Plautus, römischer Komödiendichter
geb. 254 v. Chr.in Italien; gest. um 184 v. Chr., lebte 70 Jahre. (Zitat-
Nr 345)

Die zweitwichtigste Kunst nach der Fähigkeit, Gelegenheiten
zu ergreifen, ist zu wissen, wann ein Vorteil ungenutzt bleiben
muss.

Benjamin Disraeli, britischer Staatsmann und erfolgreicher Schriftsteller
geb. 21. Dezember 1804 in London; gest. 19. April 1881 in Mayfair,
lebte 77 Jahre. (Zitat-Nr 346)

Viele Menschen sind zu gut erzogen, um mit vollem Munde zu
sprechen. Aber sie haben keine Bedenken, es mit leerem Kopf
zu tun.

Oscar Wilde, irischer Schriftsteller
geb. 16. Oktober 1854 in Dublin; gest. 30. November 1900 in Paris,
lebte 46 Jahre. (Zitat-Nr 347)

GELD UND GUT

REICHTUM UND GELD

Aktionäre sind dumm und frech: Dumm, weil sie Aktien kaufen, und frech, weil sie Dividenden haben wollen.

Carl Fürstenberg, deutsch-jüdischer Bankier
geb. 28. August 1850 in Danzig; gest. 9. Februar 1933 in Berlin, lebte 83 Jahre. (Zitat-Nr 348)

Wer der Meinung ist, dass man für Geld alles haben kann, gerät leicht in den Verdacht, dass er für Geld alles zu tun bereit ist.

Benjamin Franklin, amerikanischer Schriftsteller, Erfinder und Staatsmann
geb. 17. Januar 1706 in Boston, Massachusetts; gest. 17. April 1790 in Philadelphia, Pennsylvania, lebte 84 Jahre. (Zitat-Nr 349)

Nicht vom Geben, sondern vom Behalten werden wir krank.

Antoine de Saint-Exupéry, französischer Schriftsteller und Pilot
geb. 29. Juni 1900 in Lyon; gest. 31. Juli 1944 in Nähe der Île de Riou bei Marseille, lebte 44 Jahre. (Zitat-Nr 350)

Manche Leute haben von all ihrem Reichtum nichts als die Angst, ihn zu verlieren.

Antoine de Rivarol, französischer Schriftsteller
geb. 26. Juni 1753 in Bagnols-sur-Cèze; gest. 13. April 1801 in Berlin, lebte 48 Jahre. (Zitat-Nr 351)

Um etwas zu gelten, müssen sich die Nullen immer hübsch rechts halten.

Adolf Glaßbrenner, deutscher Humorist und Satiriker
geb. 27. März 1810 in Berlin als Georg Adolph Theodor Glasbrenner; gest. 25. September 1876 ebendort, lebte 66 Jahre. (Zitat-Nr 352)

Die Fähigkeit, auf welche die Menschen den meisten Wert legen, ist die Zahlungsfähigkeit.

Oskar Blumenthal, deutscher Schriftsteller
geb. 13. März 1852 in Berlin; gest. 24. April 1917 ebendort, lebte 65 Jahre. (Zitat-Nr 353)

Das Leben ist ein Meer, der Fährmann ist das Geld. Wer diesen nicht besitzt, schifft übel durch die Welt.

Georg Rudolf Weckherlin, deutscher Lyriker der Spätrenaissance
geb. 1584 in Stuttgart; gest. 1653 in London, lebte 69 Jahre. (Zitat-Nr 354)

Einst waren Geist und Talent mehr wert als goldene Münze; nichts zu besitzen ist heute größte Geschmacklosigkeit.

Ovid, antiker römischer Dichter
geb. 43 v. Chr; gest. 17 n. Chr., lebte 60 Jahre. (Zitat-Nr 355)

Es gibt nur eine Klasse in der Gesellschaft, die mehr an Geld
denkt als die Reichen. Das sind die Armen.

Oscar Wilde, irischer Schriftsteller
geb. 16. Oktober 1854 in Dublin; gest. 30. November 1900 in Paris,
lebte 46 Jahre. (Zitat-Nr 356)

Willst du den Wert des Geldes kennenlernen, versuche, dir
welches zu borgen.

Benjamin Franklin, amerikanischer Schriftsteller, Erfinder und Staatsmann
geb. 17. Januar 1706 in Boston, Massachusetts; gest. 17. April 1790 in
Philadelphia, Pennsylvania, lebte 84 Jahre. (Zitat-Nr 357)

Geld ist eine neue Form der Sklaverei, die sich von der alten
nur unterscheidet, indem sie unpersönlich ist, daß es keine di-
rekte Beziehung zwischen Herren und Sklaven gibt.

Leo Tolstoi, russischer Dichter
geb. 1828; gest. 1910, lebte 82 Jahre. (Zitat-Nr 358)

Der ist ein reicher Mensch, der weiß, dass er genug hat.

Laotse oder Lao-Tse, Laozi, legendärer chinesischer Philosoph
lebte im 6. Jahrhundert vor Christus (Zitat-Nr 359)

Wer nur um Gewinn kämpft, erntet nichts, wofür es sich lohnt
zu leben.

Antoine de Saint-Exupéry, französischer Schriftsteller und Pilot
geb. 29. Juni 1900 in Lyon; gest. 31. Juli 1944 in Nähe der Île de Riou
bei Marseille, lebte 44 Jahre. (Zitat-Nr 360)

Die Plagen des Neides sind ein Tribut, welches das Verdienst
dem Niedrigen zollt.

Friedrich II. von Preußen, König von Preußen und Kurfürst von Brandenburg, der "Alte Fritz"
geb. 24. Januar 1712 in Berlin; gest. 17. August 1786 in Potsdam,
lebte 74 Jahre. (Zitat-Nr 361)

Fünf große Feinde des Friedens wohnen in uns: nämlich Hab-
gier, Ehrgeiz, Neid, Wut und Stolz. Wenn diese Feinde vertrie-
ben werden könnten, würden wir zweifellos ewigen Frieden
genießen.

Francesco Petrarca, italienischer Dichter
geb. 20. Juli 1304 in Arezzo; gest. 19. Juli 1374 in Arquà Petrarca,
lebte 70 Jahre. (Zitat-Nr 362)

Man sollte sich jede Mühe sparen, Neider zufriedenzustellen.

Luc de Clapiers, Marquis de Vauvenargues, französischer Schriftsteller und Philosoph
geb. 6. August 1715 in Aix-en-Provence; gest. 28. Mai 1747 in Paris,
lebte 32 Jahre. (Zitat-Nr 363)

Man nehme sich vor allen Personen in Acht, welche das bittere
Gefühl des Fischers haben, der nach mühevollem Tagewerk
am Abend mit leeren Netzen heimfährt.

Friedrich Nietzsche, deutscher klassischer Philologe und Philosoph
geb. 15. Oktober 1844 in Röcken; gest. 25. August 1900 in Weimar,
lebte 56 Jahre. (Zitat-Nr 364)

Der Hass der Größe gegen die Kleinheit ist der Ekel; der Hass
der Kleinheit gegen die Größe der Neid.

Arthur Schnitzler, österreichischer Dramatiker
geb. 15. Mai 1862 in Wien, Kaisertum Österreich; gest. 21. Oktober
1931 ebendort, lebte 69 Jahre. (Zitat-Nr 365)

Die Tochter des Neides ist die Verleumdung.

Giacomo Casanova, venezianischer Schriftsteller
geb. 2. April 1725 in Venedig; gest. 4. Juni 1798 auf Schloss Duchcov
im Königreich Böhmen, lebte 73 Jahre. (Zitat-Nr 366)

Die Menschen tun mancherlei, um geliebt zu werden. Alles
aber setzen sie daran, um beneidet zu werden.

Mark Twain, amerikanischer Autor
geb. 30. November 1835 in Florida, Missouri; gest. 21. April 1910 in
Redding, Connecticut, lebte 75 Jahre. (Zitat-Nr 367)

SPAREN

Wer nicht genug hat, weil er sich nicht genügen lassen oder
haushalten kann, ist noch in tieferem Sinn ein armer Teufel als
der, dem es wirklich am äußerlich Notwendigen gebricht.

Gotthold Ephraim Lessing, Dichter der deutschen Aufklärung
geb. 22. Januar 1729 in Kamenz, Markgraftum Oberlausitz; gest. 15.
Februar 1781 in Braunschweig, lebte 52 Jahre. (Zitat-Nr 368)

Ein guter Sparer ist gleich einem guten Gewinner.

Johann Geiler von Kaisersberg, deutsche Prediger der Frührenaissance
geb. 16. März 1445 in Schaffhausen; gest. 10. März 1510 in Straßburg, lebte 65 Jahre. (Zitat-Nr 369)

Durch großes Vermögen wird man ein Knauser oder ein Verschwender.

Friedrich II. von Preußen, König von Preußen und Kurfürst von Brandenburg, der "Alte Fritz"
geb. 24. Januar 1712 in Berlin; gest. 17. August 1786 in Potsdam, lebte 74 Jahre. (Zitat-Nr 370)

Man muß sparsam leben, aber seinen Verhältnissen gemäß. Deshalb fällt wohlverstandene Sparsamkeit nie auf, sobald man sie gewahr wird, ist sie Knauserei.

Sully Prudhomme, französischer Schriftsteller
geb. 16. März 1839 in Paris; gest. 7. September 1907 in Châtenay-Malabry, lebte 68 Jahre. (Zitat-Nr 371)

Es ist schwer, dem Sparen ein festes Ziel zu setzen. Man sucht den Haufen stets zu vergrößern und ihn von Summe zu Summe zu erhöhen, bis man sich schließlich des Genusses seiner Güter kläglich beraubt und alles darum setzt, den Schatz zu hüten und nichts davon zu gebrauchen. – Alles in allem ist es mühseliger, das Geld zu hüten, als es zu erwerben.

Michel E. de Montaigne, französischer Politiker und Philosoph
geb. 28. Februar 1533 im Périgord; gest. 13. September 1592, lebte 59 Jahre. (Zitat-Nr 372)

Die Jugend ist nicht reich an Zeit; – ja, vielleicht arm. Gib sie, wie Geld, mit sparender Hand aus; zahle keinen Augenblick hin, ohne damit so viel zu erkaufen, als er wert ist!

Edward Young, englischer Schriftsteller
geb. 3. Juli 1683 in Hampshire; gest. 5. April 1765, lebte 82 Jahre. (Zitat-Nr 373)

Es ist leichter, den ersten Wunsch zu unterdrücken, als die folgenden zu erfüllen.

Benjamin Franklin, amerikanischer Schriftsteller, Erfinder und Staatsmann
geb. 17. Januar 1706 in Boston, Massachusetts; gest. 17. April 1790 in Philadelphia, Pennsylvania, lebte 84 Jahre. (Zitat-Nr 374)

Er ist ein Mathematiker und also hartnäckig.

Johann Wolfgang von Goethe, der wohl größte deutsche Dichter
geb. 28. August 1749 in Frankfurt am Main als Johann Wolfgang Goethe; gest. 22. März 1832 in Weimar, geadelt 1782, lebte 83 Jahre. (Zitat-Nr 375)

LÜGE UND HEUCHELEI

Verächtlich ist, wer als Verleumder spricht, doch noch verächtlicher der Überbringer.

Friedrich von Bodenstedt, deutscher Schriftsteller
geb. 22. April 1819 in Peine; gest. 18. April 1892 in Wiesbaden, lebte 73 Jahre. (Zitat-Nr 376)

Es lügt der Mensch mit Worten nicht allein, auch mit der Tat.

Franz Grillparzer, österreichischer Schriftsteller und Dramatiker
geb. 15. Januar 1791 in Wien; gest. 21. Januar 1872 ebendort, lebte
81 Jahre. (Zitat-Nr 377)

Klug ist, wer stets zur rechten Stunde kommt, doch klüger, wer
zu gehen weiß, wenn es frommt.

Emanuel Geibel, deutscher Lyriker
geb. 17. Oktober 1815 in Lübeck; gest. 6. April 1884 ebendort, lebte
69 Jahre. (Zitat-Nr 378)

Verallgemeinerungen sind Lügen.

Gerhart Hauptmann, deutscher Dramatiker und Schriftsteller
geb. 15. November 1862 in Ober Salzbrunn (Szczawno-Zdrój) in Schlesien; gest. 6. Juni 1946 in Agnetendorf (Agnieszków) in Schlesien,
lebte 84 Jahre. (Zitat-Nr 379)

Ein kleines Missverständnis schadet der Freundschaft nicht:
Man lernt sich dadurch besser schätzen und kennen, wird
gründlicher oder vorsichtiger und klüger.

Johann Georg Hamann, deutscher Philosoph und Schriftsteller
geb. 27. August 1730 in Königsberg; gest. 21. Juni 1788 in Münster,
lebte 58 Jahre. (Zitat-Nr 380)

Der einzige Trost ist, dassLügen vielen Menschen Brot geben
und niemand gezwungen ist, sie zu glauben.

Karl Julius Weber, deutscher Schriftsteller
geb. 16. April 1767 in Langenburg; gest. 19. Juli 1832 in Kupferzell,
lebte 65 Jahre. (Zitat-Nr 381)

Die Lüge kann nicht zur Wahrheit werden dadurch, dass sie an
Macht wächst.

Rabindranath Tagore, bengalischer Dichter, Philosoph und Maler
geb. 7. Mai 1861 in Kalkutta; gest. 7. August 1941 ebendort, lebte 80
Jahre. (Zitat-Nr 382)

Die Blattlaus vernichtet die Pflanzen, der Rost Metall, die Lüge
die Seele.

Anton Tschechow, russischer Schriftsteller
geb. 1860 in Taganrog, Russland; gest. 1904 in Badenweiler, Deutsches Reich, lebte 44 Jahre. (Zitat-Nr 383)

Wer eine Lüge sagt, merkt nicht, welch große Aufgabe er über-
nimmt; denn er wird gezwungen sein, zwanzig weitere zu finden, um diese aufrechtzuerhalten.

Alexander Pope, englischer Dichter
geb. 21. Mai 1688 in London; gest. 30. Mai 1744 in Twickenham,
heute Teil Londons, lebte 56 Jahre. (Zitat-Nr 384)

Keines Menschen Gedächtnis ist so gut, dass er ständig erfolgreich lügen könnte.

Abraham Lincoln, 16. Präsident der USA
geb. 12. Februar 1809 bei Hodgenville, Hardin County, heute: LaRue
County, Kentucky; gest. 15. April 1865 in Washington, D.C., lebte 56
Jahre. (Zitat-Nr 385)

Von allen Menschen traue dir am wenigsten.

Arthur Schopenhauer, bedeutender deutscher Philosoph und Autor
geb. 22. Februar 1788 in Danzig; gest. 21. September 1860 in Frankfurt am Main, lebte 72 Jahre. (Zitat-Nr 386)

Die schönste List des Teufels ist es, uns zu überzeugen, dass es
ihn nicht gibt.

Charles Baudelaire, französischer Schriftsteller
geb. 9. April 1821 in Paris; gest. 31. August 1867 ebendort, lebte 46
Jahre. (Zitat-Nr 387)

Die Satire ist ein Spiegel, in dem der Betrachter alle anderen
Gesichter erkennt, nur nicht das eigene.

Jonathan Swift, anglo-irischer Schriftsteller
geb. 30. November 1667 in Dublin, Königreich Irland; gest. 19. Oktober 1745 in Dublin, lebte 78 Jahre. (Zitat-Nr 388)

DIEBSTAHL

Verwicklungen zu vereinfachen ist in allen Wissenszweigen der
erste wesentliche Erfolg.

Henry Thomas Buckle, englischer Historiker
geb. 24. November 1821 in Lee, Kent; gest. 29. Mai 1862 in Damas-
kus, lebte 41 Jahre. (Zitat-Nr 389)

Der Geiz differiert gar wenig vom Stehlen.

Paracelsus, auch Philippus Theophrastus Aureolus Bombastus von Hohenheim, Arzt, Mystiker und Philosoph
1493 im Schweizer Kanton Schwyz; gest. 24. September 1541 in Salzburg), lebte 48 Jahre. (Zitat-Nr 390)

Dem Dieb sind alle Menschen Diebe; Mörder dem Mörder alle. So färbt das Gewissen, das Augenglas, wodurch die Seele sieht; wer nicht an Tugend glaubt, hat selber keine.

Gotthold Ephraim Lessing, Dichter der deutschen Aufklärung
geb. 22. Januar 1729 in Kamenz, Markgraftum Oberlausitz; gest. 15. Februar 1781 in Braunschweig, lebte 52 Jahre. (Zitat-Nr 391)

Ein Dieb ist ein schändliches Ding, aber ein Verleumder ist viel schändlicher.

Jesus Sirach, apokryphes Buch des Alten Testaments
entstanden im 2. Jhd. V. Chr. (Zitat-Nr 392)

Unter allem Diebsgesindel sind die Narren die schlimmsten. Sie rauben euch beides, Zeit und Stimmung.

Johann Wolfgang von Goethe, der wohl größte deutsche Dichter
geb. 28. August 1749 in Frankfurt am Main als Johann Wolfgang Goethe; gest. 22. März 1832 in Weimar, geadelt 1782, lebte 83 Jahre. (Zitat-Nr 393)

Schafft den Gewinn ab, so wird es keine Diebe und Räuber mehr geben.

Laotse oder Lao-Tse, Laozi, legendärer chinesischer Philosoph
lebte im 6. Jahrhundert vor Christus (Zitat-Nr 394)

Borgen ist viel besser nicht als betteln; sowie leihen, auf Wu-
cher leihen, nicht viel besser ist als stehlen.

Gotthold Ephraim Lessing, Dichter der deutschen Aufklärung
geb. 22. Januar 1729 in Kamenz, Markgraftum Oberlausitz; gest. 15.
Februar 1781 in Braunschweig, lebte 52 Jahre. (Zitat-Nr 395)

BEGIERDE

Einem warf ich im Schiffbruch ein Brett zu. Vom Tode gerettet,
sprach er: "Was kostet das Brett? Dankbar bezahl' ich das
Holz!"

Christian Friedrich Hebbel, deutscher Dramatiker
geb. 18. März 1813 in Wesselburen, Dithmarschen; gest. 13. Dezember 1863 in Wien, lebte 50 Jahre. (Zitat-Nr 396)

Auf der Welt ist niemand unedler als der, der ein Anliegen
nicht gewährt, um das er angesprochen worden und das zu gewähren er im Stande ist.

Buch des Kabus, persischsprachiges Prosawerk der Weisheitsliteratur
entstanden im 11. Jahrhundert (Zitat-Nr 397)

Solange man die Dinge begehrt, besitzt man sie nicht. Wenn
man sie hat, liebt man sie, aber die Begierde fällt weg.

Meister Eckhart, spätmittelalterlicher Theologe und Philosoph
geb. um 1260, gest. 30. April 1328 in Avignon, lebte 68 Jahre. (Zitat-
Nr 398)

Dem Verschwender fehlt viel, dem Geizigen alles.

Publilius Syrus, römischer Mimen-Autor
lebte im 1. Jhd. Vor Christus (Zitat-Nr 399)

Willst du etwas los sein, leihe es einem guten Freund.

Plautus, römischer Komödiendichter
geb. 254 v. Chr.in Italien; gest. um 184 v. Chr., lebte 70 Jahre. (Zitat-Nr 400)

Der Mensch rechnet immer das, was ihm fehlt, dem Schicksal doppelt so hoch an als das, was er besitzt.

Gottfried Keller, Schweizer Dichter und Politiker
geb. 19. Juli 1819 in Zürich; gest. 15. Juli 1890 in Zürich, lebte 71 Jahre. (Zitat-Nr 401)

Weise ist der Mensch, der nicht den Dingen nachtrauert, die er nicht besitzt, sondern sich der Dinge erfreut, die er hat.

Epiktet, antiker Philosoph
geb. um 50 in Hierapolis in Phrygien; gest. um 138 in Nikopolis in Epirus, lebte 88 Jahre. (Zitat-Nr 402)

Reich ist, wer so viel besitzt, dass er nichts mehr wünscht.

Cicero, römischer Politiker, Schriftsteller und Philosoph
geb. 106 v. Chr; gest. 43 v. Chr., lebte 63 Jahre. (Zitat-Nr 403)

Was nicht griffbereit ist, was man nicht nachts um zwei Uhr finden kann, das besitzt man nicht.

Kurt Tucholsky, deutscher Journalist und Schriftsteller
geb. 9. Januar 1890 in Berlin; gest. 21. Dezember 1935 in Göteborg,
lebte 45 Jahre. (Zitat-Nr 404)

Die Menschen vergessen rascher den Tod ihres Vaters als den Verlust ihres väterlichen Erbteils.

Niccolo Macchiavelli, florentinischer Philosoph, Politiker und Dichter
geb. 3. Mai 1469 in Florenz, Republik Florenz; gest. 21. Juni 1527
ebendort, lebte 58 Jahre. (Zitat-Nr 405)

Dem Menschen fällt mehr auf, was ihm fehlt, als das, was er besitzt.

Johann Wolfgang von Goethe, der wohl größte deutsche Dichter
geb. 28. August 1749 in Frankfurt am Main als Johann Wolfgang Goethe; gest. 22. März 1832 in Weimar, geadelt 1782, lebte 83 Jahre. (Zitat-Nr 406)

Geizhälse sind die Plage ihrer Zeitgenossen, aber das Entzücken ihrer Erben.

Theodor Fontane, deutscher Schriftsteller
geb. 30. Dezember 1819 in Neuruppin; gest. 20. September 1898 in
Berlin, lebte 79 Jahre. (Zitat-Nr 407)

Das ist die Krankheit des Reichtums, dass er nie aufhört, mehr
zu verlangen, und dass er seinen Durst stets mit dem stillen
will, was neuen Durst erregt.

St. Gregor von Nazianz, griechischer Kirchenlehrer
geb. um 329 ; gest. 25. Januar 390, lebte 61 Jahre. (Zitat-Nr 408)

ARMUT

Es rechnet nie der kluge Mann
als Schande sich die Armut an.

Saadi, persischer Dichter und Mystiker
geb. 1210, gest. 1292, lebte 82 Jahre. (Zitat-Nr 409)

Armut ist ohne Zweifel das Schrecklichste. Mir dürft'' einer
zehn Millionen herlegen und sagen, ich soll arm sein dafür, i
nehmet''s net.

Johann Nestroy, österreichischer Schriftsteller
geb. 7. Dezember 1801 in Wien; gest. 25. Mai 1862 in Graz, lebte 61
Jahre. (Zitat-Nr 410)

Ein großes Gut ist die Armut für die, welche sie mit Weisheit
ertragen, ein unverlierbarer Schatz, der kräftigste Stab, das un-
gekränkteste Besitztum, eine unangefochtene Behausung.

Johannes Chrysostomos, Erzbischof von Konstantinopel
geb. 344 in Antiochia; gest. 14. September 407 in Comana Pontica,
lebte 63 Jahre. (Zitat-Nr 411)

Armut ist die Mutter unzähliger und sittlicher Übel und was
noch schlimmer ist: die Gewohnheit, sich gekränkt und unter-
drückt zu sehen, wirkt erniedrigend auf den ganzen Charakter.

John Stuart Mill, britischer Philosoph und Wirtschaftswissenschaftler
geb. 20. Mai 1806 in Pentonville, UK; gest. 8. Mai 1873 in Avignon,
Frankreich, lebte 67 Jahre. (Zitat-Nr 412)

Wer in seinem eigenen Hause fremd sein könnte, das wäre die
wahre Armut.

Meister Eckhart, spätmittelalterlicher Theologe und Philosoph
geb. um 1260, gest. 30. April 1328 in Avignon, lebte 68 Jahre. (Zitat-
Nr 413)

Armut schändet nicht. ist ein Sprichwort, das alle Menschen im
Munde führen und keiner im Herzen.

August von Kotzebue, deutscher Dramatiker, Schriftsteller
geb. 3. Mai 1761 in Weimar; gest. 23. März 1819 in Mannheim, lebte
58 Jahre. (Zitat-Nr 414)

Armut demütigt die Menschen so, dass sie selbst über ihre Tugenden erröten.

Marquis de Vauvenargues, französischer Philosoph und Schriftsteller.
geb. 6. August 1715 in Aix-en-Provence; gest. 28. Mai 1747 in Paris,
lebte 32 Jahre. (Zitat-Nr 415)

Wer arm an allen Dingen geworden ist, der empfängt alle Dinge.

Meister Eckhart, spätmittelalterlicher Theologe und Philosoph geb. um 1260, gest. 30. April 1328 in Avignon, lebte 68 Jahre. (Zitat-Nr 416)

ERFOLG - NACHDENKLICHES

MACHT UND REGIEREN

Erobern ist leichter als regieren.

Jean-Jacques Rousseau, französischsprachiger Genfer Schriftsteller, Philosoph
geb. 28. Juni 1712 in Genf; gest. 2. Juli 1778 in Ermenonville bei Paris, lebte 66 Jahre. (Zitat-Nr 417)

Herrschen ist Unsinn, aber Regieren ist Weisheit. Man herrscht also, weil man nicht regieren kann.

Johann Gottfried Seume, deutscher Schriftsteller
geb. 29. Januar 1763 in Poserna, Kursachsen; gest. 13. Juni 1810 in Teplitz, Böhmen, lebte 47 Jahre. (Zitat-Nr 418)

Es ist mir nie gelungen zu verstehen, wie ein verstandesbegabter Mensch aus der Ausübung von Macht über andere sein Glück beziehen kann.

Thomas Jefferson, 3. amerikanischer Präsident
geb. 1743 in Virginia; gest. 4. Juli 1826, lebte 83 Jahre. (Zitat-Nr 419)

Man beherrscht die Menschen nur, indem man ihnen dient.
Diese Regel hat keine Ausnahme.

Victor Cousin, französischer Philosoph
geb. 28. November 1792 in Paris; gest. 14. Januar 1867 in Cannes,
lebte 75 Jahre. (Zitat-Nr 420)

Es ist falsch, dass die Gleichheit ein Naturgesetz sei; die Natur
hat nichts gleich gemacht, ihr Hauptgesetz ist die Unterwer-
fung und die Abhängigkeit.

Marquis de Vauvenargues, französischer Philosoph und Schriftsteller.
geb. 6. August 1715 in Aix-en-Provence; gest. 28. Mai 1747 in Paris,
lebte 32 Jahre. (Zitat-Nr 421)

Die Gewalt besitzt nicht halb so viel Macht als die Milde.

Samuel Smiles, schottischer Schriftsteller
geb. 23. Dezember 1812 in Haddington, East Lothian Schottland; gest.
16. April 1904 in Kensington, lebte 92 Jahre. (Zitat-Nr 422)

Kein Abschied auf der Welt fällt schwerer als der Abschied von
der Macht.

Charles Maurice de Talleyrand, Staatsmann in der Zeit der französischen Revolution
geb. 2. Februar 1754 in Paris; gest. 17. Mai 1838 ebendort, lebte 84
Jahre. (Zitat-Nr 423)

Der beste Führer ist derjenige, der sich mit sicherem Instinkt
gute Leute aussucht, die tun, was er getan haben möchte, und
genügend Selbstbeherrschung besitzt, um sich nicht einzumi-
schen, solange sie es tun.

Theodore Roosevelt, 26. Präsident der Vereinigten Staaten
geb. 27. Oktober 1858 in New York City, New York; gest. 6. Januar
1919 in Oyster Bay, New York, lebte 61 Jahre. (Zitat-Nr 424)

Auf seinem eigenen Misthaufen ist der Hahn der mächtigste.

Seneca, römischer Philosoph
geb. etwa im Jahre 1 in Corduba; gest. 65 n. Chr. bei Rom, lebte 64
Jahre. (Zitat-Nr 425)

Stärke des Charakters ist oft nichts anderes als eine Schwäche
des Gefühls.

Arthur Schnitzler, österreichischer Dramatiker
geb. 15. Mai 1862 in Wien, Kaisertum Österreich; gest. 21. Oktober
1931 ebendort, lebte 69 Jahre. (Zitat-Nr 426)

Ohnmacht ist Gerechtigkeit ohne Stärke.

Blaise Pascal, französischer Mathematiker, Physiker, Philosoph.
geb. 19. Juni 1623 in Clermont-Ferrand; gest. 19. August 1662 in Paris,
lebte 39 Jahre. (Zitat-Nr 427)

Regieren ist keine Sache für Leute von Charakter und Erziehung.

Aristophanes, griechischer Komödiendichter
geb. um 450 v. Chr.; gest. um 380 v. Chr, lebte 70 Jahre. (Zitat-Nr 428)

DIE ZEIT

Die Zeit ist schnell, noch schneller ist das Schicksal;
Wer feig'' des einen Tages Glück versäumt,
Er holt''s nicht ein, und wenn ihn Blitze trügen.

Theodor Körner, deutscher Dichter
geb. 23. September 1791 in Dresden; gest. 26. August 1813 im Forst
Rosenow, lebte 22 Jahre. (Zitat-Nr 429)

Es ist nicht wenig Zeit, was wir haben, sondern es ist viel, was
wir nicht nützen.

Seneca, römischer Philosoph
geb. etwa im Jahre 1 in Corduba; gest. 65 n. Chr. bei Rom, lebte 64
Jahre. (Zitat-Nr 430)

Reserviere eine bestimmte Zeit für dich selbst und halte dich
ruhigen Gemüts in Erfolg und Mißerfolg, frei von Unruhe und
Verwirrung, sowohl bei frohen als bei traurigen Anlässen.

Ignatius von Loyola, Mitbegründer des Jesuitenordens
geb. 31. Mai 1491 im Baskenland, Spanien; gest. 31. Juli 1556 in Rom,
lebte 65 Jahre. (Zitat-Nr 431)

Ich glaube, daß nur der erfolgreich ist, der seine Handlungsweise mit dem Zeitgeist in Einklang bringt, so wie der erfolglos
sein wird, dessen Vorgehen nicht mit den Zeitverhältnissen
übereinstimmt.

Niccolo Macchiavelli, florentinischer Philosoph, Politiker und Dichter
geb. 3. Mai 1469 in Florenz, Republik Florenz; gest. 21. Juni 1527
ebendort, lebte 58 Jahre. (Zitat-Nr 432)

Es gibt in der Existenz des Menschen entgegengesetzte Perioden, welche man die Glückszeit und die Unglückszeit des Lebens nennen könnte.

Giacomo Casanova, venezianischer Schriftsteller
geb. 2. April 1725 in Venedig; gest. 4. Juni 1798 auf Schloss Duchcov im Königreich Böhmen, lebte 73 Jahre. (Zitat-Nr 433)

Ein jedes Ding muss Zeit zum Reifen haben.

William Shakespeare, englischer Dramatiker
geb. 26. April 1564 in Stratford-upon-Avon; gest. 23. April 1616 in Stratford-upon-Avon, lebte 52 Jahre. (Zitat-Nr 434)

Gib jedem Tag die Chance, der schönste deines Lebens zu werden.

Mark Twain, amerikanischer Autor
geb. 30. November 1835 in Florida, Missouri; gest. 21. April 1910 in Redding, Connecticut, lebte 75 Jahre. (Zitat-Nr 435)

Es ist nicht wenig Zeit, die wir zur Verfügung haben, sondern es ist viel Zeit, die wir nicht nützen.

Seneca, römischer Philosoph
geb. etwa im Jahre 1 in Corduba; gest. 65 n. Chr. bei Rom, lebte 64 Jahre. (Zitat-Nr 436)

Wer zu vielen sprechen will, muss sich zu mäßigen wissen.

Johann Wolfgang von Goethe, der wohl größte deutsche Dichter
geb. 28. August 1749 in Frankfurt am Main als Johann Wolfgang Goethe; gest. 22. März 1832 in Weimar, geadelt 1782, lebte 83 Jahre. (Zitat-Nr 437)

Wer seine Wünsche zähmt, ist immer reich.

Voltaire (François-Marie Arouet), französischer Philosoph und
Schriftsteller
geb. 21. November 1694 in Paris; gest. 30. Mai 1778 ebendort, lebte
84 Jahre. (Zitat-Nr 438)

Einfachheit ist das Resultat der Reife.

Friedrich von Schiller, deutscher Dichter und Philosoph
geb. 10. November 1759 in Marbach am Neckar, Württemberg; gest.
9. Mai 1805 in Weimar, Sachsen-Weimar, lebte 46 Jahre. (Zitat-Nr
439)

Wie zahlreich sind doch die Dinge, derer ich nicht bedarf!

Sokrates, griechischer Philosoph
470 - 399 v. Chr., lebte 71 Jahre. (Zitat-Nr 440)

Nicht wer wenig hat, sondern wer viel wünscht, ist arm.

Seneca, römischer Philosoph
geb. etwa im Jahre 1 in Corduba; gest. 65 n. Chr. bei Rom, lebte 64
Jahre. (Zitat-Nr 441)

Weichliche Naturen machen gerne energische Programme von weit ausgreifendem Umfang und erschöpfen im Programm ihren momentanen Enthusiasmus.

Berthold Auerbach, deutscher Schriftsteller
geb. 28. Februar 1812 in Nordstetten (heute Ortsteil von Horb); gest. 8. Februar 1882 in Cannes, lebte 70 Jahre. (Zitat-Nr 442)

Ein Radikaler ist ein Mensch, der mit beiden Beinen fest in der Luft steht.

Franklin D. Roosevelt, 32. Präsident der Vereinigten Staaten
geb. 30. Januar 1882 in Hyde Park, New York; gest. 12. April 1945 in Warm Springs, Georgia, lebte 63 Jahre. (Zitat-Nr 443)

Auch Bitteres kann aus süßem Samen entspringen.

Dante Alighieri, Dichter und Philosoph italienischer Sprache
geb. 1265 in Florenz; gest. 14. September 1321 in Ravenna, lebte 56 Jahre. (Zitat-Nr 444)

Was du immer kannst zu werden, Arbeit scheue nicht und Wachen; Aber hüte deine Seele Vor dem Karrieremachen!

Theodor Storm, deutscher Schriftsteller
geb. 14. September 1817 in Husum; gest. 4. Juli 1888 in Hanerau-Hademarschen, lebte 71 Jahre. (Zitat-Nr 445)

Die Genusssucht frisst alles, am liebsten aber das Glück.

Marie von Ebner-Eschenbach, mährisch-österreichische Schriftstellerin
geb. 13. September 1830 auf Schloss Zdislawitz bei Kremsier in Mähren; gest. 12. März 1916 in Wien, lebte 86 Jahre. (Zitat-Nr 446)

Es ist für die Menschen nicht gut, dass ihnen alles zuteil wird,
was sie wollen.

Heraklit, vorsokratischer Philosoph
geb. um 520 v. Chr.; gest. um 460 v. Chr., lebte 60 Jahre. (Zitat-Nr
447)

Die führen das beste Leben, die sich mühen, die Besten zu
werden, am angenehmsten aber leben diejenigen, die es fühlen, dass sie besser geworden.

Sokrates, griechischer Philosoph
470 - 399 v. Chr., lebte 71 Jahre. (Zitat-Nr 448)

Erfolg - wie es geht

Durch Grundbesitz wurde mehr Geld gemacht als durch alle in-
dustrielle Unternehmung.

Andrew Carnegie, amerikanischer Industrieller in der Stahlbranche
geb. 25. November 1835 in Dunfermline, Grafschaft Fife, Schottland;
gest. 11. August 1919 in Lenox, Massachusetts, lebte 84 Jahre. (Zitat-
Nr 449)

Zum wirklichen Erfolge im Leben, d. h. zur Erreichung der
höchstmöglichen menschlichen Vollkommenheit und wahren,
nutzbringenden Tätigkeit gehört notwendig ein öfterer äuße-
rer Mißerfolg.

Carl Hilty, Schweizer Jurist und Theologe
geb. 28. Februar 1833 im Städtchen Werdenberg, Gemeinde Grabs im
Kanton St. Gallen; gest. 12. Oktober 1909 in Clarens, lebte 76 Jahre.
(Zitat-Nr 450)

Man ist kühnen Absichten abgeneigt, wenn man sich große Erfolge nicht zutraut.

Luc de Clapiers, Marquis de Vauvenargues, französischer Schriftsteller und Philosoph
geb. 6. August 1715 in Aix-en-Provence; gest. 28. Mai 1747 in Paris, lebte 32 Jahre. (Zitat-Nr 451)

Ein fester Vorsatz ist das wichtigste Instrument für Erfolg.

Graf Chesterfield, auch Philip Stanhope, 4. Earl of Chesterfield, britischer Politiker und Schriftsteller
geb. 22. September 1694 in London; gest. 24. März 1773 ebendort, lebte 79 Jahre. (Zitat-Nr 452)

Erfolg hat nur, wer etwas tut, während er auf ihn wartet.

Thomas A. Edison, amerikanischer Erfinder und Industrieller
geb. 11. Februar 1847 in Milan, Ohio; gest. 18. Oktober 1931 in West Orange, New Jersey, lebte 84 Jahre. (Zitat-Nr 453)

Die Ärzte sollten nicht sagen: "Den habe ich geheilt", sondern: "Der ist mir nicht gestorben."

Georg Christoph Lichtenberg, deutscher Mathematiker und Aphoristiker
geb. 1. Juli 1742 in Ober-Ramstadt bei Darmstadt; gest. 24. Februar 1799 in Göttingen, lebte 57 Jahre. (Zitat-Nr 454)

Am Fortschritt der Moral beteiligt, sind wir darüber einig nun,
dass nicht der Zweck die Mittel heiligt. Doch der Erfolg wird''s
ewig tun.

Ludwig Fulda, deutscher Bühnenautor
geb. 15. Juli 1862 in Frankfurt am Main; gest. 30. März 1939 in Berlin,
lebte 77 Jahre. (Zitat-Nr 455)

Ein Egoist ist ein unfeiner Mensch, der für sich selbst mehr In-
teresse hat als für mich.

Ambrose Bierce, amerikanischer Schriftsteller
geb. 24. Juni 1842; gest. 1914 in Mexiko, lebte 72 Jahre. (Zitat-Nr 456)

<u>M</u>ENSCHLICHE (<u>U</u>N-)<u>V</u>OLLKOMMENHEIT

Es braucht ein ganzes Leben, um einzusehen, wie dinglich –
objektiv – sich die Dinge, wie menschlich – subjektiv – die
Menschen verhalten.

Hugo von Hofmannsthal, österreichischer Schriftsteller und Lyriker
geb. 1. Februar 1874 in Wien; gest. 15. Juli 1929 in Rodaun bei Wien,
lebte 55 Jahre. (Zitat-Nr 457)

Enthaltsamkeit ist das Vergnügen an Sachen, welche wir nicht
kriegen.

Wilhelm Busch, humoristischer Dichter und Zeichner
geb. 15. April 1832 in Wiedensahl; gest. 9. Januar 1908 in Mechtshausen, lebte 76 Jahre. (Zitat-Nr 458)

Es amüsiert mich immer, wenn Menschen all ihr Unglück dem Schicksal, dem Zufall oder dem Verhängnis zuschreiben, während sie ihre Erfolge oder ihr Glück mit ihrer eigenen Klugheit, ihrem Scharfsinn oder ihrer Einsicht begründen.

Samuel Taylor Coleridge, englischer Dichter und Philosoph
geb. 21. Oktober 1772 in Ottery St Mary, Devon; gest. 25. Juli 1834 in Highgate, London, lebte 62 Jahre. (Zitat-Nr 459)

Es kann keiner gerecht sein, der nicht menschlich ist.

Luc de Clapiers, Marquis de Vauvenargues, französischer Schriftsteller und Philosoph
geb. 6. August 1715 in Aix-en-Provence; gest. 28. Mai 1747 in Paris, lebte 32 Jahre. (Zitat-Nr 460)

Wenn alle Diebe gehangen würden, die Galgen müßten dichter stehen.

Gotthold Ephraim Lessing, Dichter der deutschen Aufklärung
geb. 22. Januar 1729 in Kamenz, Markgraftum Oberlausitz; gest. 15. Februar 1781 in Braunschweig, lebte 52 Jahre. (Zitat-Nr 461)

Merket wohl, alle nachdenklichen Gemüter: Das schnellste Roß, das euch zur Vollkommenheit trägt, ist Leiden. Nichts ist so gallebitter wie Leiden: und nichts so honigsüß wie Gelittenhaben.

Meister Eckhart, spätmittelalterlicher Theologe und Philosoph
geb. um 1260, gest. 30. April 1328 in Avignon, lebte 68 Jahre. (Zitat-Nr 462)

Durch nichts bezeichnen die Menschen mehr ihren Charakter
als durch das, was sie lächerlich finden.

Antoine de Saint-Exupéry, französischer Schriftsteller und Pilot
geb. 29. Juni 1900 in Lyon; gest. 31. Juli 1944 in Nähe der Île de Riou
bei Marseille, lebte 44 Jahre. (Zitat-Nr 463)

Obgleich die Welt ja, sozusagen, wohl manchmal etwas man-
gelhaft, wird sie doch in den nächsten Tagen vermutlich noch
nicht abgeschafft.

Wilhelm Busch, humoristischer Dichter und Zeichner
geb. 15. April 1832 in Wiedensahl; gest. 9. Januar 1908 in Mechtshausen, lebte 76 Jahre. (Zitat-Nr 464)

ÜBEREIFER, ÜBERARBEITUNG, BurnOut

Sei es Übereifer, Hochmut, Habsucht, sei es, was immer – in jedes Menschen Charakter gibt es zu jeder Zeit Umstände, die
ihn zu Fehlern verleiten, und wenn sie ohne Folgen bleiben,
hat er es nur seinem Schicksal zu danken.

Luc de Clapiers, Marquis de Vauvenargues, französischer Schriftsteller und Philosoph
geb. 6. August 1715 in Aix-en-Provence; gest. 28. Mai 1747 in Paris,
lebte 32 Jahre. (Zitat-Nr 465)

Viele Menschen erkaufen sich die Hölle mit so großer und schwerer Arbeit, dass sie sich mit der Hälfte derselben den Himmel hätten erkaufen können.

Thomas Morus, englischer Staatsmann und Autor
geb. 7. Februar 1478 in London; gest. 6. Juli 1535 ebendort, lebte 57 Jahre. (Zitat-Nr 466)

Sei du selbst! Alle anderen sind bereits vergeben.

Oscar Wilde, irischer Schriftsteller
geb. 16. Oktober 1854 in Dublin; gest. 30. November 1900 in Paris, lebte 46 Jahre. (Zitat-Nr 467)

Es gibt Menschen, die nicht leben, sondern gelebt werden.

Karl May, deutscher Autor von Abenteuerromanen
geb. 25. Februar 1842 in Ernstthal; gest. 30. März 1912 in Radebeul, lebte 70 Jahre. (Zitat-Nr 468)

Wie sich körperlich viele für krank halten, ohne es zu sein, so halten umgekehrt geistig sich viele für gesund, die es nicht sind.

Georg Christoph Lichtenberg, deutscher Mathematiker und Aphoristiker
geb. 1. Juli 1742 in Ober-Ramstadt bei Darmstadt; gest. 24. Februar 1799 in Göttingen, lebte 57 Jahre. (Zitat-Nr 469)

Das Leben ist ein ewiges Werden. Sich für geworden halten
heißt sich töten.

Christian Friedrich Hebbel, deutscher Dramatiker
geb. 18. März 1813 in Wesselburen, Dithmarschen; gest. 13. Dezember 1863 in Wien, lebte 50 Jahre. (Zitat-Nr 470)

Glücklich, wer mit den Verhältnissen zu brechen versteht, bevor sie ihn gebrochen haben.

Franz Liszt, österreichisch-ungarischer Komponist
geb. 22. Oktober 1811 in Raiding/Doborján, damals ungarisches Kronland des Kaisertums Österreich, heute Burgenland; gest. 31. Juli 1886 in Bayreuth, lebte 75 Jahre. (Zitat-Nr 471)

Wir leben im Zeitalter der Überarbeitung und der Unterbildung; dem Zeitalter, in dem die Menschen so fleißig sind, dass sie verdummen.

Oscar Wilde, irischer Schriftsteller
geb. 16. Oktober 1854 in Dublin; gest. 30. November 1900 in Paris, lebte 46 Jahre. (Zitat-Nr 472)

VERLUST UND FEHLER - VERLIERER SEIN

Das Übel erkennen heißt schon, ihm teilweise abhelfen.

Otto von Bismarck, deutscher Politiker und Staatsmann
geb. 1. April 1815 in Schönhausen (Elbe); gest. 30. Juli 1898 in Friedrichsruh bei Hamburg, lebte 83 Jahre. (Zitat-Nr 473)

Wenn ein Mann, der hoch gestanden, fällt, drückt ungewohntes Leid viel schwerer ihn als den, der stets unglücklich war.

Ich kenne keinen Fehler bei anderen, den ich nicht auch hätte begehen können.

Niemand ist mehr Fehlern ausgesetzt, als wer nur aus Überlegung handelt.

Der Misserfolg hat einen Segen, der mir verklärt den trübsten Tag. Er macht uns beliebter bei den Kollegen, als je ein Erfolg es vermag.

Viel besser nie besitzen als verlieren.

Keiner irrt nur für sich, sondern er ist auch Grund und Urheber
vom Irren anderer.

Seneca, römischer Philosoph
geb. etwa im Jahre 1 in Corduba; gest. 65 n. Chr. bei Rom, lebte 64
Jahre. (Zitat-Nr 479)

Der Gedanke, dass jedes Missgeschick außerordentlich häufig
vorkommt, nimmt ihm die Bedenklichkeit.

Henri Stendhal, französischer Schriftsteller
geb. 23. Januar 1783 in Grenoble; gest. 23. März 1842 in Paris, lebte
59 Jahre. (Zitat-Nr 480)

Wenn mich meine Feinde loben, kann ich sicher sein, einen
Fehler gemacht zu haben.

August Bebel, sozialistischer deutscher Politiker
geb. 22. Februar 1840 in Deutz bei Köln; gest. 13. August 1913 in Pas-
sugg, Schweiz, lebte 73 Jahre. (Zitat-Nr 481)

Das Erwartete bleibt gewöhnlich unter der Erwartung.

August von Kotzebue, deutscher Dramatiker, Schriftsteller
geb. 3. Mai 1761 in Weimar; gest. 23. März 1819 in Mannheim, lebte
58 Jahre. (Zitat-Nr 482)

Der schlimmste Fehler in diesem Leben ist, ständig zu befürch-
ten, dass man einen macht.

Elbert Hubbard, amerikanischer Autor und Publizist
geb. 19. Juni 1856 in Bloomington, McLean County, Illinois; gest. 7.
Mai 1915 im Atlantischen Ozean vor der irischen Küste (Angriff auf

das britische Passagierschiff Lusitania durch deutsche U-Boote), lebte
59 Jahre. (Zitat-Nr 483)

Erfolge nehmen alle in Anspruch, Misserfolge werden einem
einzigen zugeschrieben.

Sophokles, griechischer Dichter
geb. 497 v. Chr.; gest. 406 v. Chr. in Athen, lebte 90 Jahre. (Zitat-Nr
484)

RUHM UND NACHRUHM

Unser Ruhm besteht nur in der Meinung der anderen Menschen über uns. Wenn du dir die anderen Menschen genau ansiehst, so wirst du bald keinen Wunsch nach Ruhm mehr haben.

Paul Ernst, deutscher Schriftsteller
geb. 7. März 1866 in Elbingerode (Harz); gest. 13. Mai 1933 in Sankt Georgen an der Stiefing, Steiermark, lebte 67 Jahre. (Zitat-Nr 485)

Ein Augenblick des Glücks wiegt Jahrtausende des Nachruhms auf.

Friedrich II. von Preußen, König von Preußen und Kurfürst von Brandenburg, der "Alte Fritz"
geb. 24. Januar 1712 in Berlin; gest. 17. August 1786 in Potsdam, lebte 74 Jahre. (Zitat-Nr 486)

Der Nachruhm ist die wahre Unsterblichkeit der Seele.

Napoleon I., französischer General und Kaiser
geb. 15. August 1769 in Ajaccio auf Korsika als Napoleone Buonaparte; gest. 5. Mai 1821 in Longwood House auf St. Helena im Südatlantik, lebte 52 Jahre. (Zitat-Nr 487)

Geschickt zu sein genügt uns nicht, wenn es unbemerkt bleibt:
und nur um uns dieses Ruhmes zu versichern, setzen wir den
Erfolg aufs Spiel!

Luc de Clapiers, Marquis de Vauvenargues, französischer Schriftsteller und Philosoph
geb. 6. August 1715 in Aix-en-Provence; gest. 28. Mai 1747 in Paris,
lebte 32 Jahre. (Zitat-Nr 488)

Bis auf Verdienste und Ruhm ist alles für Geld zu haben.

Christina von Schweden, Königin von Schweden
geb. 17.12.1626, gest. 19.04.1689, lebte 63 Jahre. (Zitat-Nr 489)

Ein Kampfplatz ist die Welt;
Das Kränzlein und di Kron''
Trägt keiner, der nicht kämpft,
Mit Ruhm und Ehr'' davon.

Angelus Silesius, deutscher Arzt, Theologe und Lyriker
getauft 25. Dezember 1624 in Breslau; gest. 9. Juli 1677 ebendort,
lebte 53 Jahre. (Zitat-Nr 490)

Die meisten Poeten kommen erst nach ihrem Tode zur Welt.

Georg Christoph Lichtenberg, deutscher Mathematiker und Aphoristiker
geb. 1. Juli 1742 in Ober-Ramstadt bei Darmstadt; gest. 24. Februar
1799 in Göttingen, lebte 57 Jahre. (Zitat-Nr 491)

Ruhm ist ein Vergrößerungsglas.

Terenz, Komödiendichter der römischen Antike
geb. 190 v. Chr., gest. 159 v. Chr., lebte 31 Jahre. (Zitat-Nr 492)

SCHEIN UND SEIN

Wer sich rühmt, dem traut man nicht.

Laotse oder Lao-Tse, Laozi, legendärer chinesischer Philosoph
lebte im 6. Jahrhundert vor Christus (Zitat-Nr 493)

Der Zwerg selbst findet, sei er noch so klein, den Klein'ren,
dem er mächtig imponiert.

George Lord Byron, britischer Dichter
geb. 22. Januar 1788 in London; gest. 19. April 1824 in Messolongi,
Griechenland, lebte 36 Jahre. (Zitat-Nr 494)

Zu Fastnacht bindet sich der Mensch eine zweite Maske vor
seine erste.

Gottfried Keller, Schweizer Dichter und Politiker
geb. 19. Juli 1819 in Zürich; gest. 15. Juli 1890 in Zürich, lebte 71
Jahre. (Zitat-Nr 495)

Am sichersten macht man Karriere, wenn man anderen den
Eindruck vermittelt, es sei für sie von Nutzen, einem zu helfen.

Jean de la Bruyère, französischer Schriftsteller
geb. 16. August 1645 in Paris; gest. 10. Mai 1696 in Versailles, lebte
51 Jahre. (Zitat-Nr 496)

Man muss den Leuten nur ein bisschen verrückt vorkommen,
dann kommt man schon weiter.

Wilhelm Raabe, deutscher Schriftsteller
geb. 8. September 1831 in Eschershausen; gest. 15. November 1910
in Braunschweig, lebte 79 Jahre. (Zitat-Nr 497)

Es gibt Leute, die meinen, alles wäre vernünftig, was man mit
einem ernsthaften Gesicht tut.

Georg Christoph Lichtenberg, deutscher Mathematiker und Aphoristiker
geb. 1. Juli 1742 in Ober-Ramstadt bei Darmstadt; gest. 24. Februar
1799 in Göttingen, lebte 57 Jahre. (Zitat-Nr 498)

Man schätzt den Staub, ein wenig übergoldet, weit mehr als
Gold, ein wenig überstaubt.

William Shakespeare, englischer Dramatiker
geb. 26. April 1564 in Stratford-upon-Avon; gest. 23. April 1616 in
Stratford-upon-Avon, lebte 52 Jahre. (Zitat-Nr 499)

Sei, was du scheinen willst!

Sokrates, griechischer Philosoph
470 - 399 v. Chr., lebte 71 Jahre. (Zitat-Nr 500)

GLÜCK
IN ALLEN LEBENSLAGEN

500 Zitate und Aphorismen

Über Freude und Trauer, Hoffnung, Schicksal und den eigenen Weg, Geist, Sinn finden, Bescheidenheit, Leidenschaft, Melancholie, Reichtum und Armut, Vertrauen, Dankbarkeit

DANKBARKEIT, GEBEN

GEBEN UND SCHENKEN

Tu so viel Gutes, wie du kannst, und mache so wenig Gerede
wie möglich darüber.

Charles Dickens, englischer Schriftsteller
geb. 7. Februar 1812 in Landport bei Portsmouth, England; gest. 9.
Juni 1870 auf Gad's Hill Place bei Rochester, England, lebte 58 Jahre.
(Zitat-Nr 501)

Erwarte keine Dankbarkeit, wenn Du einem Menschen Gutes
tust: Du hast seine Schwächen aufgedeckt.

Elbert Hubbard, amerikanischer Autor und Publizist
geb. 19. Juni 1856 in Bloomington, McLean County, Illinois; gest. 7.
Mai 1915 im Atlantischen Ozean vor der irischen Küste (Angriff auf
das britische Passagierschiff Lusitania durch deutsche U-Boote), lebte
59 Jahre. (Zitat-Nr 502)

Ich habe noch niemals euch so munter gesehn und eure Blicke
so lebhaft. Fröhlich kommt ihr und heiter, man sieht, ihr habet
die Gaben unter die Armen verteilt und ihren Segen empfan-
gen.

Johann Wolfgang von Goethe, der wohl größte deutsche Dichter
geb. 28. August 1749 in Frankfurt am Main als Johann Wolfgang Goethe; gest. 22. März 1832 in Weimar, geadelt 1782, lebte 83 Jahre. (Zitat-Nr 503)

Der große Jammer mit den Menschen ist, dass sie so genau
wissen, was man ihnen schuldet, und so wenig Empfindungen
dafür haben, was sie den anderen schulden.

Franz von Sales, Mystiker und Kirchenlehrer
geb. 21. August 1567 auf Burg Sales, Thorens-Glières; gest. 28. Dezember 1622 in Lyon, lebte 55 Jahre. (Zitat-Nr 504)

Es gibt Menschen, die immer die Gebenden sein möchten und
es niemals zustande bringen, die Nehmenden zu sein. Diese
Unfähigkeit zu nehmen ist vielleicht der verletzendste menschliche Hochmut.

Franz Werfel, österreichischer Schriftsteller
geb. 10. September 1890 in Prag, Königreich Böhmen, Österreich-Ungarn; gest. 26. August 1945 in Beverly Hills, Kalifornien, Vereinigte
Staaten, lebte 55 Jahre. (Zitat-Nr 505)

Doppelt gibt, wer rasch gibt.

Publilius Syrus, römischer Mimen-Autor
lebte im 1. Jhd. Vor Christus (Zitat-Nr 506)

Wer andere Not löst, ist der Erlöste.

Laotse oder Lao-Tse, Laozi, legendärer chinesischer Philosoph
lebte im 6. Jahrhundert vor Christus (Zitat-Nr 507)

Wir wollen nicht ernstlich das Glück derer, denen wir nur Ratschläge spenden.

Marquis de Vauvenargues, französischer Philosoph und Schriftsteller.
geb. 6. August 1715 in Aix-en-Provence; gest. 28. Mai 1747 in Paris, lebte 32 Jahre. (Zitat-Nr 508)

Wenn du recht schwer betrübt bist, dass du meinst, kein Mensch auf der Welt könne dich trösten, so tue jemand etwas Gutes, gleich wird`s besser sein.

Peter Rosegger, österreichischer Schriftsteller
eigentlich Roßegger; geb. 31. Juli 1843 in Alpl, Steiermark; gest. 26. Juni 1918 in Krieglach, lebte 75 Jahre. (Zitat-Nr 509)

Hilf und gib gerne, wenn du hast, und dünke dich darum nicht mehr; und wenn du nichts hast, so habe den Trunk kalten Wassers zur Hand, und dünke dich darum nicht weniger.

Matthias Claudius, deutscher Dichter und Journalist
geb. 15. August 1740 in Reinfeld (Holstein); gest. 21. Januar 1815 in Hamburg, lebte 75 Jahre. (Zitat-Nr 510)

Unglück hat mich gelehrt, Unglücklichen Hilfe zu leisten.

Vergil, lateinischer Dichter
geb. 70 v. Chr. ; gest. 19 v. Chr. in Brindisi, lebte 51 Jahre. (Zitat-Nr 511)

Das beste Mittel, jeden Tag gut zu beginnen, ist: beim Erwachen daran zu denken, ob man nicht wenigstens einem Menschen an diesem Tage eine Freude machen könne.

Friedrich Nietzsche, deutscher klassischer Philologe und Philosoph geb. 15. Oktober 1844 in Röcken; gest. 25. August 1900 in Weimar, lebte 56 Jahre. (Zitat-Nr 512)

<u>BESCHEIDENHEIT</u>

Sei demütig!

Rühme dich auf dieser Welt,
Mensch, nicht deines eignen Lichts!
Sonnen sind ob dich gestellt,
Gegen die dein Schein ein Nichts.

Kannst hier hoffen, glauben nur,
Bitten, doch erzwingen nicht,
Nicht verändert''s die Natur,
Wenn ein Menschenherz zerbricht.

Hoffe, daß durch Todesnacht
Gott dich führt in Sonnen ein –
Was er immer mit dir macht,
Du bist dein nicht, du bist sein.

Sei demütig wie das Blatt,
Das im Herbst vom Baume geht,
Und das nie geklaget hat,
Daß es der Sturm verweht.

Justinus Kerner, deutscher Mediziner und Schriftsteller
geb. 18. September 1786 in Ludwigsburg; gest. 21. Februar 1862 in
Weinsberg, lebte 76 Jahre. (Zitat-Nr 513)

Beachte demnach gegen deine Freunde einen solchen Grad
von Zurückhaltung, daß du dich nicht in ihre Macht gibst, und
gegen deine Feinde einen solchen Grad von Mäßigung, daß du
es ihnen nicht unmöglich machst, deine Freunde zu werden!

Graf Chesterfield, auch Philip Stanhope, 4. Earl of Chesterfield, britischer Politiker und Schriftsteller
geb. 22. September 1694 in London; gest. 24. März 1773 ebendort,
lebte 79 Jahre. (Zitat-Nr 514)

Der bescheidenste Mann muß, wenn er in der Welt lebt, eine
sichere Haltung haben und eine gewisse Ungezwungenheit,
welche verhindern, daß man irgendwelche Vorteile über ihn
gewinne. In diesem Falle muß er seine Bescheidenheit mit
Stolz schmücken.

Nikolas Chamfort, französischer Schriftsteller
geb. 6. April 1741 in Clermont, Auvergne; gest. 13. April 1794 in Paris,
lebte 53 Jahre. (Zitat-Nr 515)

Bescheidenheit ist die Mutter der Tugend.

Plautus, römischer Komödiendichter
geb. 254 v. Chr.in Italien; gest. um 184 v. Chr., lebte 70 Jahre. (Zitat-
Nr 516)

Haben wir Verstand, so beweist Bescheidenheit ihn am besten;
haben wir keinen, so verbirgt sie am besten sein Fehlen.

Alexander Pope, englischer Dichter
geb. 21. Mai 1688 in London; gest. 30. Mai 1744 in Twickenham,
heute Teil Londons, lebte 56 Jahre. (Zitat-Nr 517)

Hüte dich sorgfältig vor dem Hang zu räsonnieren und zu dis-
putieren, den allzu viele Leute in Gesellschaft haben und auf
den sich mancher etwas zu gute hält; sollte deine Meinung von
anderen abweichen, behaupte sie nur mit Bescheidenheit,
Freundlichkeit und Ruhe.

Graf Chesterfield, auch Philip Stanhope, 4. Earl of Chesterfield, britischer Politiker und Schriftsteller
geb. 22. September 1694 in London; gest. 24. März 1773 ebendort,
lebte 79 Jahre. (Zitat-Nr 518)

Wunschlosigkeit führt zu innerer Ruhe.

Laotse oder Lao-Tse, Laozi, legendärer chinesischer Philosoph
lebte im 6. Jahrhundert vor Christus (Zitat-Nr 519)

Hier ruht ein Arzt, ein Mann voll Wissbegier, im Studium wollte
er nie Ruhe haben, drum ist er auch nach seinem Tode hier
noch zwischen seinen Werken all begraben.

Ignaz Franz Castelli, österreichischer Dichter
geb. 6. März 1781 in Wien; gest. 5. Februar 1862 ebendort, lebte 81
Jahre. (Zitat-Nr 520)

Wünschest du, dass die Leute gut über dich denken? Sprich
nicht!

Blaise Pascal, französischer Mathematiker, Physiker, Philosoph.
geb. 19. Juni 1623 in Clermont-Ferrand; gest. 19. August 1662 in Paris,
lebte 39 Jahre. (Zitat-Nr 521)

Das Größte und das Wunderbarste ist das Einfachste.

Walther Rathenau, deutscher Unternehmer und Schriftsteller
geb. 29. September 1867 in Berlin; gest. 24. Juni 1922 in Berlin-
Grunewald, lebte 55 Jahre. (Zitat-Nr 522)

ZUFRIEDENHEIT

Nicht da ist man daheim, wo man seinen Wohnsitz hat, sondern wo man verstanden wird.

Christian Morgenstern, deutscher Dichter und Schriftsteller
geb. 6. Mai 1871 in München; gest. 31. März 1914 in Untermais, Tirol,
Österreich-Ungarn, lebte 43 Jahre. (Zitat-Nr 523)

Meistens belehrt erst der Verlust uns über den Wert der
Dinge.

Arthur Schopenhauer, bedeutender deutscher Philosoph und Autor
geb. 22. Februar 1788 in Danzig; gest. 21. September 1860 in Frankfurt am Main, lebte 72 Jahre. (Zitat-Nr 524)

Das Lachen aus heiterem Herzen ist mehr wert als die längste
und schärfste Predigt.

Adolph Kolping, deutscher katholischer Priester
geb. 8. Dezember 1813 in Kerpen bei Köln; gest. 4. Dezember 1865 in
Köln, lebte 52 Jahre. (Zitat-Nr 525)

Der unzufriedene Mensch findet keinen bequemen Stuhl.

Benjamin Franklin, amerikanischer Schriftsteller, Erfinder und Staatsmann
geb. 17. Januar 1706 in Boston, Massachusetts; gest. 17. April 1790 in Philadelphia, Pennsylvania, lebte 84 Jahre. (Zitat-Nr 526)

Jedenfalls ist es besser, ein eckiges Etwas zu sein als ein rundes Nichts.

Christian Friedrich Hebbel, deutscher Dramatiker
geb. 18. März 1813 in Wesselburen, Dithmarschen; gest. 13. Dezember 1863 in Wien, lebte 50 Jahre. (Zitat-Nr 527)

Das Streben nach der Wahrheit ist köstlicher als deren gesicherter Besitz.

Gotthold Ephraim Lessing, Dichter der deutschen Aufklärung
geb. 22. Januar 1729 in Kamenz, Markgraftum Oberlausitz; gest. 15. Februar 1781 in Braunschweig, lebte 52 Jahre. (Zitat-Nr 528)

Viele Menschen verwenden die Hälfte ihrer Zeit dazu, sich Dinge zu wünschen, die sie bekommen würden, wenn sie nicht die Hälfte ihrer Zeit dazu verwenden würden, sie sich zu wünschen.

Alexander Woollcott, US-amerikanischer Schriftsteller
geb. 19. Januar 1887 in Phalanx bei Red Bank, New Jersey; gest. 23. Januar 1943 in New York City, New York, lebte 56 Jahre. (Zitat-Nr 529)

Das Zaudern, das in ruhigen Zeiten nützlich ist, bringt Männern in unruhigen Zeiten den Untergang.

Alphonse de Lamartine, französischer Schriftsteller und Politiker
geb. 21. Oktober 1790 in Mâcon; gest. 28. Februar 1869 in Paris, lebte 79 Jahre. (Zitat-Nr 530)

Zufriedenheit ist Glück.

Thomas Fuller, englischer Historiker
geb. 1608 in Aldwinkle; gest. 16. August 1661, lebte 53 Jahre. (Zitat-Nr 531)

Ich meine, wir sollten das, was wir besitzen, bisweilen so ansehen, wie es uns vorschweben würde, wenn wir es verloren hätten.

Arthur Schopenhauer, bedeutender deutscher Philosoph und Autor
geb. 22. Februar 1788 in Danzig; gest. 21. September 1860 in Frankfurt am Main, lebte 72 Jahre. (Zitat-Nr 532)

Wenn wir unsere Feinde hassen, geben wir ihnen große Macht über unser Leben: Macht über unseren Schlaf, unseren Appetit, unsere Gesundheit und unsere Geistesruhe.

Andrew Carnegie, amerikanischer Industrieller in der Stahlbranche
geb. 25. November 1835 in Dunfermline, Grafschaft Fife, Schottland; gest. 11. August 1919 in Lenox, Massachusetts, lebte 84 Jahre. (Zitat-Nr 533)

Der Frühling ist zwar schön; doch wenn der Herbst nicht wär',
wär' zwar das Auge satt, der Magen aber leer.

Friedrich Freiherr von Logau, deutscher Dichter
geb. Januar 1605 in Nimptsch, Schlesien; gest. 24. Juli 1655 in Liegnitz, lebte 50 Jahre. (Zitat-Nr 534)

Wenn wir die Zufriedenheit nicht in uns finden, ist es zwecklos,
sie anderswo zu suchen.

Francois de La Rochefoucauld, französischer Moralist und Literat
geb. 15. September 1613 in Paris; gest. 17. März 1680 ebendort, lebte 67 Jahre. (Zitat-Nr 535)

Frohe Herzen öffnen sich leicht und verstehen einander.

Adolph Kolping, deutscher katholischer Priester
geb. 8. Dezember 1813 in Kerpen bei Köln; gest. 4. Dezember 1865 in Köln, lebte 52 Jahre. (Zitat-Nr 536)

DANKBARKEIT

Dankbarkeit ist eine schöne Tugend,
zieret das Alter und die Jugend;
wen man undankbar nennen kann,
dem hängen aller Laster an.

Georg Rollenhagen, deutscher Schriftsteller
geb. 22. April 1542 in Bernau bei Berlin; gest. 20. Mai 1609 in Magdeburg, lebte 67 Jahre. (Zitat-Nr 537)

Ein Glaube ohne Freude ist ein Altar ohne Wohlgeruch. Die Freude ist das Zeichen und der Schmuck der Dankbarkeit.

Alexandre Rodolphe Vinet, Schweizer Theologe
geb. 17. Juni 1797 in Ouchy, heute Lausanne; gest. 4. Mai 1847 in Clarens bei Vevey, lebte 50 Jahre. (Zitat-Nr 538)

Begegnet uns jemand, der uns Dank schuldig ist, gleich fällt es uns ein. Wie oft können wir jemand begegnen, dem wir Dank schuldig sind, ohne daran zu denken.

Johann Wolfgang von Goethe, der wohl größte deutsche Dichter
geb. 28. August 1749 in Frankfurt am Main als Johann Wolfgang Goethe; gest. 22. März 1832 in Weimar, geadelt 1782, lebte 83 Jahre. (Zitat-Nr 539)

Liebt die ganze Schöpfung Gottes. Liebt die Tiere, liebt die Pflanzen, liebt jegliches Ding. Wer jegliches Ding liebt, wird auch das Geheimnis Gottes in den Dingen erfassen.

Fjodor M. Dostojewski, russischer Schriftsteller
geb. 11. November 1821 in Moskau; gest. 9. Februar 1881 in Sankt Petersburg, lebte 60 Jahre. (Zitat-Nr 540)

Dass Gottes Wort und ein Stück Brot ein Großes ist, weiß erst die Not

Marie von Ebner-Eschenbach, mährisch-österreichische Schriftstellerin
geb. 13. September 1830 auf Schloss Zdislawitz bei Kremsier in Mähren; gest. 12. März 1916 in Wien, lebte 86 Jahre. (Zitat-Nr 541)

Nichts wird langsamer vergessen als eine Beleidigung und nichts eher als eine Wohltat.

Martin Luther, theologischer Begründer der Reformation
geb. 10. November 1483 in Eisleben, Grafschaft Mansfeld; gest. 18. Februar 1546 ebendort, lebte 63 Jahre. (Zitat-Nr 542)

Ich segne die Welt, indem ich mich selbst segne.

A course in miracles, spirituelles Werk von Helen Schucman
Helen Schucman geb. 14. Juli 1909 in New York City; gest. 9. Februar 1981, lebte 72 Jahre. (Zitat-Nr 543)

Es gibt in der Welt selten ein schöneres Übermaß als in der Dankbarkeit.

Jean de la Bruyère, französischer Schriftsteller
geb. 16. August 1645 in Paris; gest. 10. Mai 1696 in Versailles, lebte 51 Jahre. (Zitat-Nr 544)

Undank ist immer eine Art Schwäche. Ich habe nie gesehen, dass tüchtige Menschen undankbar gewesen wären.

Johann Wolfgang von Goethe, der wohl größte deutsche Dichter
geb. 28. August 1749 in Frankfurt am Main als Johann Wolfgang Goethe; gest. 22. März 1832 in Weimar, geadelt 1782, lebte 83 Jahre. (Zitat-Nr 545)

Dankbarkeit ist eine Pflicht, die erfüllt werden sollte, die aber keiner das Recht hat, zu erwarten.

Jean-Jacques Rousseau, französischsprachiger Genfer Schriftsteller, Philosoph
geb. 28. Juni 1712 in Genf; gest. 2. Juli 1778 in Ermenonville bei Paris, lebte 66 Jahre. (Zitat-Nr 546)

Einfach leben!

Fang jetzt an zu leben und zähle jeden Tag als ein Leben für sich.

Seneca, römischer Philosoph
geb. etwa im Jahre 1 in Corduba; gest. 65 n. Chr. bei Rom, lebte 64 Jahre. (Zitat-Nr 547)

O Gott, hilf mir, rein zu sein, aber nicht sofort.

Augustinus von Hippo, auch Aurelius Augustinus, lateinischer Kirchenlehrer der Spätantike, Bischof, Philosoph
geb. 13. November 354 in Tagaste, auch: Thagaste, in Numidien, heute Souk Ahras in Algerien; gest. 28. August 430 in Hippo Regius in Numidien, heute Annaba in Algerien, lebte 76 Jahre. (Zitat-Nr 548)

Wenn das Leben fragte tausend Jahre lang: "Warum lebst du?", wenn es überhaupt antwortete, würde es nur sagen: "Ich lebe, um zu leben!" Das rührt daher, weil das Leben aus seinem eigenen Grunde lebt, aus seinem Eigenen quillt; darum lebt es ohne Warum: es lebt nur sich selber! Und fragte man einen wahrhaften Menschen, einen, der aus seinem eigenen Grunde wirkt: "Warum wirkst du deine Werke?", wenn er recht antwortete, würde er auch nur sagen: "Ich wirke, um zu wirken!"

Meister Eckhart, spätmittelalterlicher Theologe und Philosoph
geb. um 1260, gest. 30. April 1328 in Avignon, lebte 68 Jahre. (Zitat-Nr 549)

Gedenke zu leben.

Johann Wolfgang von Goethe, der wohl größte deutsche Dichter
geb. 28. August 1749 in Frankfurt am Main als Johann Wolfgang Goethe; gest. 22. März 1832 in Weimar, geadelt 1782, lebte 83 Jahre. (Zitat-Nr 550)

So viel ein Mensch vor Gott ist, so viel ist er wirklich. Und mehr nicht.

Franz von Assisi, Begründer des Ordens der Minderen Brüder (Franziskaner)
geb. 1181 in Assisi, Italien; gest. 3. Oktober 1226, lebte 45 Jahre. (Zitat-Nr 551)

Ich habe Ruhe gesucht überall und habe sie am Ende gefunden
in einem engen Winkel bei einem kleinen Buche.

Franz von Sales, Mystiker und Kirchenlehrer
geb. 21. August 1567 auf Burg Sales, Thorens-Glières; gest. 28. Dezember 1622 in Lyon, lebte 55 Jahre. (Zitat-Nr 552)

Wer wenig bedarf, der kommt nicht in die Lage, auf vieles verzichten zu müssen.

Plutarch, antiker griechischer Schriftsteller
geb. um 45; gest. um 125, lebte 80 Jahre. (Zitat-Nr 553)

Nur wer im Kleinen seine Pflicht erfüllt, hat ein Recht, im Großen beispielhaft zu wirken.

Paul de Lagarde, deutscher Kulturphilosoph und Orientalist
geb. 2. November 1827 in Berlin; gest. 22. Dezember 1891 in Göttingen, lebte 64 Jahre. (Zitat-Nr 554)

Manches Vergnügen besteht darin, dass man mit Vergnügen darauf verzichtet.

Peter Rosegger, österreichischer Schriftsteller
eigentlich Roßegger; geb. 31. Juli 1843 in Alpl, Steiermark; gest. 26. Juni 1918 in Krieglach, lebte 75 Jahre. (Zitat-Nr 555)

Denke nicht, dein Heil zu setzen auf ein Tun! Man muß es setzen auf ein Sein.

Meister Eckhart, spätmittelalterlicher Theologe und Philosoph
geb. um 1260, gest. 30. April 1328 in Avignon, lebte 68 Jahre. (Zitat-Nr 556)

Tu nicht, als wenn du Tausende von Jahren zu leben hättest. Der Tod schwebt über deinem Haupte. So lange du noch lebst, so lange du noch kannst, sei ein rechtschaffener Mensch.

Mark Aurel, römischer Kaiser und Philosoph
geb. 26. April 121 in Rom; gest. 17. März 180 in Vindobona oder eventuell Sirmium, lebte 59 Jahre. (Zitat-Nr 557)

Die Freude am Kleinen ist die schwerste Freude. Es gehört ein großes, königliches Herz dazu.

Johann Wolfgang von Goethe, der wohl größte deutsche Dichter
geb. 28. August 1749 in Frankfurt am Main als Johann Wolfgang Goethe; gest. 22. März 1832 in Weimar, geadelt 1782, lebte 83 Jahre. (Zitat-Nr 558)

Das Leben gleicht einem Buche: Toren durchblättern es flüchtig; der Weise liest es mit Bedacht, weil er weiß, dass er es nur einmal lesen kann.

Jean Paul, deutscher Schriftsteller
geb. 21. März 1763 in Wunsiedel; gest. 14. November 1825 in Bayreuth, lebte 62 Jahre. (Zitat-Nr 559)

Ruhe und Behaglichkeit

Jeder hat was nötig; wenn er ruhen kann, was könnt'' er mehr haben! Immer steigen, ringen und so in Ewigkeit alles, was der Augenblick gibt, wegwerfen und immer darben, um einmal zu genießen; dürsten, während einem helle Quellen über den Weg springen.

Georg Büchner, hessischer Schriftsteller
geb. 17. Oktober 1813 in Goddelau, Großherzogtum Hessen; gest. 19. Februar 1837 in Zürich, lebte 24 Jahre. (Zitat-Nr 560)

Aus der Ruhe kommt die Reife.

Julius Langbehn, deutscher Schriftsteller
geb. 26. März 1851 in Hadersleben; gest. 30. April 1907 in Rosenheim, lebte 56 Jahre. (Zitat-Nr 561)

Die Ruhe Gottes macht alles ruhig. Und wer sich in Gottes Ruhe hinabläßt, ruht.

Bernhard von Clairvaux, Mönch des Zisterzienserordens, Kreuzzugsprediger
geb. um 1090 auf Burg Fontaine-lès-Dijon bei Dijon; gest. 20. August 1153 in Clairvaux bei Troyes, lebte 63 Jahre. (Zitat-Nr 562)

Das Dao liebt nicht Geschäftigkeit. Geschäftigkeit führt zu Überlastung; Überlastung führt zu Unruhe; Unruhe führt zu Sorgen, und mit Sorgen ist man rettungslos verloren.

Dschuang Dsi, chinesischer Philosoph und Dichter
geb. um 365 v. Chr.; gest. 290 v. Chr., lebte 75 Jahre. (Zitat-Nr 563)

Nichts versüßt unser Dasein mehr, als eine gewisse Seelenruhe, welche die Sorgen und trüben Vorstellungen, die den
Geist beunruhigen, verscheucht.

Friedrich II. von Preußen, König von Preußen und Kurfürst von Brandenburg, der "Alte Fritz"
geb. 24. Januar 1712 in Berlin; gest. 17. August 1786 in Potsdam,
lebte 74 Jahre. (Zitat-Nr 564)

Man darf den Geist nicht immer in gleicher Weise anspannen,
sondern sich auch wieder heiteren Dingen hingeben.

Seneca, römischer Philosoph
geb. etwa im Jahre 1 in Corduba; gest. 65 n. Chr. bei Rom, lebte 64
Jahre. (Zitat-Nr 565)

Du kannst wählen zwischen der Wahrheit und der Ruhe, aber
beides zugleich kannst du nicht haben.

Ralph Waldo Emerson, amerikanischer Philosoph und Schriftsteller
geb. 25. Mai 1803 in Boston, Massachusetts; gest. 27. April 1882 in
Concord, Massachusetts, lebte 79 Jahre. (Zitat-Nr 566)

Muße ist der schönste Besitz von allen.

Sokrates, griechischer Philosoph
470 - 399 v. Chr., lebte 71 Jahre. (Zitat-Nr 567)

Wozu sollen wir Menschen miteinander kämpfen? Wir sollten
uns nebeneinander setzen und Ruhe haben.

Georg Büchner, hessischer Schriftsteller
geb. 17. Oktober 1813 in Goddelau, Großherzogtum Hessen; gest. 19.
Februar 1837 in Zürich, lebte 24 Jahre. (Zitat-Nr 568)

Ruhe ist Glück - wenn sie ein Ausruhen ist, wenn wir sie gewählt, wenn wir sie gefunden, nachdem wir gesucht; aber Ruhe ist kein Glück, wenn sie unsere einzige Beschäftigung ist.

Ludwig Börne, deutscher Journalist und Literaturkritiker
geb. 6. Mai 1786 im jüdischen Ghetto von Frankfurt am Main als Juda Löb Baruch; gest. 12. Februar 1837 in Paris, lebte 51 Jahre. (Zitat-Nr 569)

An sich ist Müßiggang nicht Wurzel allen Übels, sondern ist, im Gegenteil, ein geradezu göttliches Leben, solange man sich nicht langweilt.

Sören Kierkegaard, dänischer Philosoph und Theologe
geb. 5. Mai 1813 in Kopenhagen; gest. 11. November 1855 ebendort, lebte 42 Jahre. (Zitat-Nr 570)

POSITIV SEIN

Sonnenschein ist köstlich, Regen erfrischt, Wind kräftigt, Schnee erheitert. Es gibt kein schlechtes Wetter, es gibt nur verschiedene Arten von gutem.

John Ruskin, britischer Schriftsteller und Maler
geb. 8. Februar 1819 in London; gest. 20. Januar 1900 in Brantwood, Lake District in Cumbria, lebte 81 Jahre. (Zitat-Nr 571)

Im Grunde ist jedes Unglück gerade nur so schwer, wie man es
nimmt.

Marie von Ebner-Eschenbach, mährisch-österreichische Schriftstellerin
geb. 13. September 1830 auf Schloss Zdislawitz bei Kremsier in Mähren; gest. 12. März 1916 in Wien, lebte 86 Jahre. (Zitat-Nr 572)

Alles geht vorüber. Jeder Tag hat etwas Gutes und etwas
Schlechtes.

Johannes Don Bosco, italienischer katholischer Priester, 1934 heilig-
gesprochen
geb. 16. August 1815 in Becchi/Castelnuovo; gest. 31. Januar 1888 in
Turin, lebte 73 Jahre. (Zitat-Nr 573)

Auch aus Steinen, die einem in den Weg gelegt werden, kann
man Schönes bauen.

Johann Wolfgang von Goethe, der wohl größte deutsche Dichter
geb. 28. August 1749 in Frankfurt am Main als Johann Wolfgang Goethe; gest. 22. März 1832 in Weimar, geadelt 1782, lebte 83 Jahre. (Zitat-Nr 574)

Diese Zeit ist, wie alle Zeiten, eine sehr gute; wir wissen nur
nichts mit ihr anzufangen.

Ralph Waldo Emerson, amerikanischer Philosoph und Schriftsteller
geb. 25. Mai 1803 in Boston, Massachusetts; gest. 27. April 1882 in
Concord, Massachusetts, lebte 79 Jahre. (Zitat-Nr 575)

Wenn du am Morgen widerwillig aufwachst, dann halte dir vor
Augen: Ich wache auf, um die Arbeit eines Menschen zu tun.

Mark Aurel, römischer Kaiser und Philosoph
geb. 26. April 121 in Rom; gest. 17. März 180 in Vindobona oder eventuell Sirmium, lebte 59 Jahre. (Zitat-Nr 576)

Wie jeder in seinem Innern ist, so ist sein Urteil über äußere
Dinge.

Thomas von Kempen, Mystiker und Schriftsteller
geb. um 1380 in Kempen; gest. 25. Juli 1471, lebte 91 Jahre. (Zitat-Nr
577)

Verbringe die Zeit nicht mit der Suche nach einem Hindernis,
vielleicht ist keines da.

Franz Kafka, deutschsprachiger Schriftsteller
geb. 3. Juli 1883 in Prag, Österreich-Ungarn; gest. 3. Juni 1924 in Klosterneuburg-Kierling, Österreich), lebte 41 Jahre. (Zitat-Nr 578)

Wer durch des Argwohns Brille schaut, sieht Raupen selbst im
Sauerkraut.

Wilhelm Busch, humoristischer Dichter und Zeichner
geb. 15. April 1832 in Wiedensahl; gest. 9. Januar 1908 in Mechtshausen, lebte 76 Jahre. (Zitat-Nr 579)

Was ist Reue? Eine große Trauer darüber, dass wir sind,wie wir
sind.

Marie von Ebner-Eschenbach, mährisch-österreichische Schriftstellerin
geb. 13. September 1830 auf Schloss Zdislawitz bei Kremsier in Mähren; gest. 12. März 1916 in Wien, lebte 86 Jahre. (Zitat-Nr 580)

Widerwärtigkeiten sind Pillen, die man schlucken muss und
nicht kauen.

Georg Christoph Lichtenberg, deutscher Mathematiker und Aphoristiker
geb. 1. Juli 1742 in Ober-Ramstadt bei Darmstadt; gest. 24. Februar
1799 in Göttingen, lebte 57 Jahre. (Zitat-Nr 581)

Brennt unser Haus und können wir nicht löschen, so lasst uns
wenigstens die Hände wärmen.

Franz Grillparzer, österreichischer Schriftsteller und Dramatiker
geb. 15. Januar 1791 in Wien; gest. 21. Januar 1872 ebendort, lebte
81 Jahre. (Zitat-Nr 582)

Harre, hoffe. Nicht vergebens zählest du der Stunden Schlag:
Wechsel ist das Los des Lebens, und - es kommt ein andrer
Tag.

Theodor Fontane, deutscher Schriftsteller
geb. 30. Dezember 1819 in Neuruppin; gest. 20. September 1898 in
Berlin, lebte 79 Jahre. (Zitat-Nr 583)

Akzeptanz

Edgar Poe

... und Psyche, meine Seele, sah mich an
Von unterdrücktem Weinen blaß und bebend
Und sagte leise: "Herr, ich möchte sterben,
Ich bin zum Sterben müde und mich friert."

O Psyche, Psyche, meine kleine Seele,
Sei still, ich will dir einen Trank bereiten,
Der warmes Leben strömt durch alle Glieder.
Mit gutem warmem Wein will ich dich tränken,
Mit glühendem sprühendem Saft des lebendigen
Funkelnden, dunkelnden, rauschend unbändigen,
Quellenden, schwellenden, lachenden Lebens,
Mit Farben und Garben des trunkenen Bebens:
Mit sehnender Seele von weinenden Liedern,
Mit Ballspiel und Grazie von tanzenden Gliedern,
Mit jauchzender Schönheit von sonnigem Wehen
Hellrollender Stürme auf schwarzgrünen Seen,
Mit Gärten, wo Rosen und Efeu verwildern,
Mit blassen Frauen und leuchtenden Bildern,
Mit fremden Ländern, mit violetten
Gelbleuchtenden Wolken und Rosenbetten,
Mit heißen Rubinen, grüngoldenen Ringen
Und allen prunkenden duftenden Dingen.

Und Psyche, meine Seele, sah mich an
Und sagte traurig: "Alle diese Dinge

Sind schal und trüb und tot. Das Leben hat
Nicht Glanz und Duft. Ich bin es müde, Herr."

Ich sagte: Noch weiß ich wohl eine Welt,
Wenn dir die lebendige nicht gefällt.
Mit wunderbar nie vernommenen Worten
Reiß ich dir auf der Träume Pforten:
Mit goldenglühenden, süßen lauen
Wie duftendes Tanzen von lachenden Frauen,
Mit monddurchsickerten nächtig webenden
Wie fiebernde Blumenkelche bebenden,
Mit grünen, rieselnden, kühlen, feuchten
Wie rieselndes grünes Meeresleuchten,
Mit trunken tanzenden, dunklen, schwülen
Wie dunkelglühender Geigen Wühlen,
Mit wilden, wehenden, irren und wirren
Wie großer nächtiger Vögel Schwirren,
Mit schnellen und gellenden, heißen und grellen
Wie metallener Flüsse grellblinkende Wellen ...
Mit vielerlei solchen verzauberten Worten
Werf ich dir auf der Träume Pforten:
Den goldenen Garten mit duftenden Auen
Im Abendrot schwimmend, mit lachenden Frauen,
Das rauschende violette Dunkel
Mit weißleuchtenden Bäumen und Sterngefunkel,
Den flüsternden, braunen, vergessenen Teich
Mit kreisenden Schwänen und Nebel bleich,
Die Gondeln im Dunklen mit seltsamen Lichtern,
Schwülduftenden Blumen und blassen Gesichtern,
Die Heimat der Winde, die nachts wild wehen,
Mit riesigen Schatten auf traurigen Seen,
Und das Land von Metall, das in schweigender Glut
Unter eisernem grauem Himmel ruht.

Da sah mich Psyche, meine Seele, an
Mit bösem Blick und hartem Mund und sprach:
"Dann muß ich sterben, wenn du so nichts weißt
Von allen Dingen, die das Leben will."

Hugo von Hofmannsthal, österreichischer Schriftsteller und Lyriker
geb. 1. Februar 1874 in Wien; gest. 15. Juli 1929 in Rodaun bei Wien,
lebte 55 Jahre. (Zitat-Nr 584)

Der ist ein Narr, der sich an der Vergangenheit die Zähne aus-
bricht, denn sie ist ein Granitblock und hat sich vollendet.

Antoine de Saint-Exupéry, französischer Schriftsteller und Pilot
geb. 29. Juni 1900 in Lyon; gest. 31. Juli 1944 in Nähe der Île de Riou
bei Marseille, lebte 44 Jahre. (Zitat-Nr 585)

Seelenruhe! – Es gibt eine Ruhe, die Faulheit ist! Innerer
Friede! – Es gibt manchen Frieden, der schmachvoll ist. Seinen
Frieden muß man ersiegen oder doch erkämpfen.

Emil Gött, deutscher Schriftsteller
geb. 13. Mai 1864 in Jechtingen; gest. 13. April 1908 in Freiburg im
Breisgau, lebte 44 Jahre. (Zitat-Nr 586)

Man kann sein Schicksal weder voraussehen noch ihm entgehen; doch man kann es annehmen.

Christina von Schweden, Königin von Schweden
geb. 17.12.1626, gest. 19.04.1689, lebte 63 Jahre. (Zitat-Nr 587)

Gleichmütigkeit ist das Selbstgefühl einer gesunden Seele.

Immanuel Kant, deutscher Philosoph
geb. 22. April 1724 in Königsberg, Preußen; gest. 12. Februar 1804 in Königsberg, lebte 80 Jahre. (Zitat-Nr 588)

Versuche niemals, jemanden so zu machen, wie du selber bist. Du weißt - und Gott weiß es auch - daß einer von deiner Sorte genug ist.

Ralph Waldo Emerson, amerikanischer Philosoph und Schriftsteller
geb. 25. Mai 1803 in Boston, Massachusetts; gest. 27. April 1882 in Concord, Massachusetts, lebte 79 Jahre. (Zitat-Nr 589)

Man bleibt jung, solange man noch lernen, neue Gewohnheiten annehmen und Widerspruch ertragen kann.

Marie von Ebner-Eschenbach, mährisch-österreichische Schriftstellerin
geb. 13. September 1830 auf Schloss Zdislawitz bei Kremsier in Mähren; gest. 12. März 1916 in Wien, lebte 86 Jahre. (Zitat-Nr 590)

Alle Dinge geschehen aus Notwendigkeit. Es gibt in der Natur kein Gutes und kein Schlechtes.

Baruch de Spinoza, niederländischer Philosoph
geboren am 24. November 1632 in Amsterdam; gestorben am 21. Februar 1677 in Den Haag, lebte 45 Jahre. (Zitat-Nr 591)

Tadeln ist leicht, deshalb versuchen sich so viele darin. Mit
Verstand loben ist schwer, darum tun es so wenige.

Anselm Feuerbach, deutschen Maler
geb. 12. September 1829 in Speyer; gest. 4. Januar 1880 in Venedig,
lebte 51 Jahre. (Zitat-Nr 592)

Um einen Schmetterling lieben zu können, müssen wir auch
ein paar Raupen mögen.

Antoine de Saint-Exupéry, französischer Schriftsteller und Pilot
geb. 29. Juni 1900 in Lyon; gest. 31. Juli 1944 in Nähe der Île de Riou
bei Marseille, lebte 44 Jahre. (Zitat-Nr 593)

AKZEPTANZ DER WELT MIT ALLEN MÄNGELN

WERTEN UND URTEILEN

Man muß schonen, was das Publikum verehrt, und kein Ärgernis machen. Hält man sich auch für klüger als andere, so muß man doch, aus Artigkeit oder aus Mitleid für ihre Schwächen, ihre Vorurteile nicht anrühren.

Friedrich II. von Preußen, König von Preußen und Kurfürst von Brandenburg, der "Alte Fritz"
geb. 24. Januar 1712 in Berlin; gest. 17. August 1786 in Potsdam, lebte 74 Jahre. (Zitat-Nr 594)

Zu dem Unglücklichen sind selbst noch die Gerechten böse.

Sokrates, griechischer Philosoph
470 - 399 v. Chr., lebte 71 Jahre. (Zitat-Nr 595)

Wenn Männer sich entzweien, hält man billig den Klügsten für den Schuldigen.

Johann Wolfgang von Goethe, der wohl größte deutsche Dichter
geb. 28. August 1749 in Frankfurt am Main als Johann Wolfgang Goethe; gest. 22. März 1832 in Weimar, geadelt 1782, lebte 83 Jahre. (Zitat-Nr 596)

Wir sindso gerne in der freien Natur, weil diese keine Meinung
über uns hat.

Friedrich Nietzsche, deutscher klassischer Philologe und Philosoph
geb. 15. Oktober 1844 in Röcken; gest. 25. August 1900 in Weimar,
lebte 56 Jahre. (Zitat-Nr 597)

Im Schlechtesten der Menschen steckt noch so viel Gutes und
im Besten noch so viel Böses, dass keiner befugt ist, zu urteilen
und zu verurteilen.

Robert Louis Stevenson, schottischer Schriftsteller
geb. 13. November 1850 in Edinburgh; gest. 3. Dezember 1894 in
Vailima, nahe Apia, Samoa, lebte 44 Jahre. (Zitat-Nr 598)

Werft eure Sünden unter eure Füße, und sie werden euch zum
Himmel erheben.

Augustinus von Hippo, auch Aurelius Augustinus, lateinischer Kirchenlehrer der Spätantike, Bischof, Philosoph
geb. 13. November 354 in Tagaste, auch: Thagaste, in Numidien,
heute Souk Ahras in Algerien; gest. 28. August 430 in Hippo Regius in
Numidien, heute Annaba in Algerien, lebte 76 Jahre. (Zitat-Nr 599)

Wer andere Leute für seine Misserfolge verantwortlich macht,
muss auch seine Erfolge anderen zuschreiben.

Jakob Boßhart, Schweizer Schriftsteller
geb. 7. August 1862 im Weiler Stürzikon, Gemeinde Oberembrach,
Kanton Zürich; gest. 18. Februar 1924 in Clavadel bei Davos, lebte 62
Jahre. (Zitat-Nr 600)

Es liegt in der menschlichen Natur, vernünftig zu denken und
unvernünftig zu handeln.

Anatole France, französischer Schriftsteller
geb. 16. April 1844 in Paris; gest. 12. Oktober 1924 in Saint-Cyr-sur-
Loire, lebte 80 Jahre. (Zitat-Nr 601)

Der beste Beobachter und der tiefste Denker ist immer der
mildeste Richter.

Henry Thomas Buckle, englischer Historiker
geb. 24. November 1821 in Lee, Kent; gest. 29. Mai 1862 in Damas-
kus, lebte 41 Jahre. (Zitat-Nr 602)

Wir tadeln an anderen nur die Fehler, von welchen wir keinen
Nutzen ziehen.

Alexandre Dumas, französischer Schriftsteller
geb. 24. Juli 1802 in Villers-Cotterêts, Département Aisne; gest. 5. Dezember 1870 in Puys bei Dieppe, Seine-Maritime, lebte 68 Jahre. (Zitat-Nr 603)

Verzeihung und Schuld

Milde erreicht mehr als Heftigkeit.

Jean de la Fontaine, französischer Schriftsteller
geb. 8. Juli 1621 in Château-Thierry; gest. 13. April 1695 in Paris, lebte
74 Jahre. (Zitat-Nr 604)

Das Gefühl schuldiger Dankbarkeit ist eine Last, die nur starke
Seelen zu ertragen vermögen.

Marie von Ebner-Eschenbach, mährisch-österreichische Schriftstellerin
geb. 13. September 1830 auf Schloss Zdislawitz bei Kremsier in Mähren; gest. 12. März 1916 in Wien, lebte 86 Jahre. (Zitat-Nr 605)

Allen zu verzeihen ist ebenso wohl Grausamkeit als keinem.

Seneca, römischer Philosoph
geb. etwa im Jahre 1 in Corduba; gest. 65 n. Chr. bei Rom, lebte 64
Jahre. (Zitat-Nr 606)

Vergebung ist der Schlüssel zum Glück.

A course in miracles, spirituelles Werk von Helen Schucman
Helen Schucman geb. 14. Juli 1909 in New York City; gest. 9. Februar
1981, lebte 72 Jahre. (Zitat-Nr 607)

Ehe man tadelt, sollte man immer erst versuchen, ob man
nicht entschuldigen kann.

Georg Christoph Lichtenberg, deutscher Mathematiker und Aphoristiker
geb. 1. Juli 1742 in Ober-Ramstadt bei Darmstadt; gest. 24. Februar
1799 in Göttingen, lebte 57 Jahre. (Zitat-Nr 608)

Die, welche dir die Nächsten und Liebsten sind, erträgst du manchmal schwer. Sei gewiss, es geht ihnen mit dir ebenso.

Ernst Freiherr von Feuchtersleben, österreichischer Philosoph, Arzt und Lyriker
geb. 29. April 1806 in Wien; gest. 3. September 1849 ebendort, lebte 43 Jahre. (Zitat-Nr 609)

Vergib stets deinen Feinden - denn nichts ärgert sie so sehr.

Oscar Wilde, irischer Schriftsteller
geb. 16. Oktober 1854 in Dublin; gest. 30. November 1900 in Paris, lebte 46 Jahre. (Zitat-Nr 610)

Man bleibt nur gut, wenn man vergisst.

Friedrich Nietzsche, deutscher klassischer Philologe und Philosoph
geb. 15. Oktober 1844 in Röcken; gest. 25. August 1900 in Weimar, lebte 56 Jahre. (Zitat-Nr 611)

Dass du nicht kannst, wird dir vergeben, doch nimmermehr, dass du nicht willst.

Henrik Ibsen, norwegischer Dramatiker
geb. 20. März 1828 in Skien; gest. 23. Mai 1906 in Christiania, lebte 78 Jahre. (Zitat-Nr 612)

Gerechtigkeit ohne Gnade ist nicht viel mehr als Unmenschlichkeit.

Marie von Ebner-Eschenbach, mährisch-österreichische Schriftstellerin
geb. 13. September 1830 auf Schloss Zdislawitz bei Kremsier in Mähren; gest. 12. März 1916 in Wien, lebte 86 Jahre. (Zitat-Nr 613)

Ein Mann muß sich selbst genug sein.

Wilhelm von Humboldt, preußischer Gelehrter und Staatsmann
geb. 22. Juni 1767 in Potsdam; gest. 8. April 1835 in Tegel, lebte 68
Jahre. (Zitat-Nr 614)

Keine vertrautere Gabe vermag der Mensch dem Menschen
anzubieten, als was er im Innersten des Gemüthes zu sich
selbst geredet hat: denn sie gewährt ihm das Geheimste, was
es giebt, in ein freies Wesen den offenen ungestörten Blick.

Friedrich Schleiermacher, deutscher Theologe und Philosoph
geb. 21. November 1768 in Breslau, Schlesien; gest. 12. Februar 1834
in Berlin, lebte 66 Jahre. (Zitat-Nr 615)

Der Mensch muß außer dem Mitleid für andere auch Rücksicht
für sich selbst haben.

Sigmund Freud, österreichischer Psychologe und Neurologe
geb. 6. Mai 1856 in Freiberg in Mähren, als Sigismund Schlomo Freud;
gest. 23. September 1939 in London, lebte 83 Jahre. (Zitat-Nr 616)

Es hat keinen Sinn, vor sich selbst davonzulaufen. Man muß
sich ja doch wieder einholen.

Gotthold Ephraim Lessing, Dichter der deutschen Aufklärung
geb. 22. Januar 1729 in Kamenz, Markgraftum Oberlausitz; gest. 15.
Februar 1781 in Braunschweig, lebte 52 Jahre. (Zitat-Nr 617)

Welche Höhen und Tiefen entdeckt in sich selbst, wer sich
selbst kennt!

Alexander Pope, englischer Dichter
geb. 21. Mai 1688 in London; gest. 30. Mai 1744 in Twickenham,
heute Teil Londons, lebte 56 Jahre. (Zitat-Nr 618)

Die meisten Menschen wissen sich nicht zu behandeln, daher
stehen sie mit sich selbst auf so schlechtem Fuß.

Friedrich Theodor Vischer, deutscher Literaturwissenschaftler und
Philosoph
geb. 30. Juni 1807 in Ludwigsburg; gest. 14. September 1887 in
Gmunden am Traunsee, lebte 80 Jahre. (Zitat-Nr 619)

Ruhe und Befriedigung findet der Mensch nur in sich selbst,
nicht in äußeren Dingen.

Anton Tschechow, russischer Schriftsteller
geb. 1860 in Taganrog, Russland; gest. 1904 in Badenweiler, Deutsches Reich, lebte 44 Jahre. (Zitat-Nr 620)

Nichts scheint mir wunderbarer, als alle Sinne zum Schweigen
zu bringen und zu sich selbst zurückzukehren und mit sich und
Gott Zwiegespäch zu halten.

St. Gregor von Nazianz, griechischer Kirchenlehrer
geb. um 329 ; gest. 25. Januar 390, lebte 61 Jahre. (Zitat-Nr 621)

Man darf sich vor niemandem fürchten als vor sich selbst.

Maxim Gorki, russischer Schriftsteller
geb. 16. Märzjul./ 28. März 1868greg. in Nischni Nowgorod; gest. 18. Juni 1936 in Gorki-10, westlich von Moskau, lebte 68 Jahre. (Zitat-Nr 622)

Darin besteht das Wesen der Tugend, dass du in Freuden und Leiden ein und derselbe Mensch bist.

Thomas von Kempen, Mystiker und Schriftsteller
geb. um 1380 in Kempen; gest. 25. Juli 1471, lebte 91 Jahre. (Zitat-Nr 623)

DIE EIGENE BESONDERHEIT SEHEN

Es ist eine große Schmach, daß der Mensch so viele andere Dinge kennt, sich selbst aber kennt er nicht.

Johannes Tauler, deutscher Theologe
geb. um 1300 in Straßburg; gest. 16. Juni 1361 ebendort, lebte 61 Jahre. (Zitat-Nr 624)

Talent, das ist Glaube an sich selbst, an die eigene Kraft.

Maxim Gorki, russischer Schriftsteller
geb. 16. Märzjul./ 28. März 1868greg. in Nischni Nowgorod; gest. 18. Juni 1936 in Gorki-10, westlich von Moskau, lebte 68 Jahre. (Zitat-Nr 625)

Einwandfrei muß der Mensch sein und die Sache tadellos. Einwandfrei aber ist nur die klare, runde, tadellose Null.

Walther Rathenau, deutscher Unternehmer und Schriftsteller
geb. 29. September 1867 in Berlin; gest. 24. Juni 1922 in Berlin-
Grunewald, lebte 55 Jahre. (Zitat-Nr 626)

Der Sonderling

So bald der Mensch sich kennt,
Sieht er, er sei ein Narr;
Und gleichwohl zürnt der Narr,
Wenn man ihn also nennt.

So bald der Mensch sich kennt,
Sieht er, er sei nicht klug;
Doch ist''s ihm lieb genug,
Wenn man ihn weise nennt.

Ein jeder, der mich kennt,
Spricht: welcher Sonderling!
Nur diesem ist''s ein Ding,
Wie ihn die Welt auch nennt.

Gotthold Ephraim Lessing, Dichter der deutschen Aufklärung
geb. 22. Januar 1729 in Kamenz, Markgraftum Oberlausitz; gest. 15.
Februar 1781 in Braunschweig, lebte 52 Jahre. (Zitat-Nr 627)

Jeder Mensch ist sich selbst der Nächste.

Aus dem Talmud, Talmud Torah - Studium der Tora. Eines der bedeu-
tendsten Schriftwerke des Judentums
verschriftlicht erstmals im 2. Jahrh. n. Chr. (Zitat-Nr 628)

Jeder Mensch trägt ein geheimes Glockenspiel in der Brust, und die Herrlichkeit des Lebens besteht darin, den immer neuen Melodien zu lauschen, die dann erklingen, wenn der Hauch der Leidenschaft die Glocken bewegt.

Giacomo Casanova, venezianischer Schriftsteller
geb. 2. April 1725 in Venedig; gest. 4. Juni 1798 auf Schloss Duchcov im Königreich Böhmen, lebte 73 Jahre. (Zitat-Nr 629)

Die Welt ist voller Menschen, die nicht allein sein können und für die ein noch so uninteressantes Gespräch besser ist als gar keines.

Henri Stendhal, französischer Schriftsteller
geb. 23. Januar 1783 in Grenoble; gest. 23. März 1842 in Paris, lebte 59 Jahre. (Zitat-Nr 630)

Deine Seele ist ein dunkler Wald. Aber die Bäume sind von besonderer Art: genealogische Bäume.

Marcel Proust, französischer Schriftsteller
geb. 10. Juli 1871 in Paris; gest. 18. November 1922 ebendort, lebte 51 Jahre. (Zitat-Nr 631)

Jeder Mensch hat seinen Stil, sowie seine eigene Nase, und es ist weder artig noch christlich, einen ehrlichen Mann mit seiner Nase zum besten zu haben, wenn sie auch noch so sonderbar ist.

Gotthold Ephraim Lessing, Dichter der deutschen Aufklärung
geb. 22. Januar 1729 in Kamenz, Markgraftum Oberlausitz; gest. 15. Februar 1781 in Braunschweig, lebte 52 Jahre. (Zitat-Nr 632)

Es gibt Menschen, die, falls sie jemals den Himmel erreichen,
sofort damit beginnen, ihresgleichen zu suchen.

Josh Billings, US-amerikanischer Schriftsteller
geb. April 1818 in Massachusetts; gest. 14. Oktober 1885 in Monterey, Kalifornien, lebte 67 Jahre. (Zitat-Nr 633)

GOTTVERTRAUEN

GOTT

Wo der Mensch aus Hingabe das Seine preisgibt, da muß not-
gedrungen Gott für ihn eintreten.

Meister Eckhart, spätmittelalterlicher Theologe und Philosoph
geb. um 1260, gest. 30. April 1328 in Avignon, lebte 68 Jahre. (Zitat-
Nr 634)

Nicht alle unsere Wünsche, aber alle seine Verheißungen erfüllt Gott.

Dietrich Bonhoeffer, lutherischer Theologe
geb. 4. Februar 1906 in Breslau; gest. 9. April 1945 im KZ Flossenbürg,
lebte 39 Jahre. (Zitat-Nr 635)

Die Hilfe Gottes, muss ich vermuten, liegt für uns heute ein
wenig im weiten; denn nach diesem Leben hilft er den Guten,
in diesem Leben den Gescheiten.

Franz Grillparzer, österreichischer Schriftsteller und Dramatiker
geb. 15. Januar 1791 in Wien; gest. 21. Januar 1872 ebendort, lebte
81 Jahre. (Zitat-Nr 636)

Mit einem Menschen, welcher den gekreuzigten Gottmen-
schen verehrt, ist immer noch mehr anzufangen als mit einem,
der weder an die Menschen noch an die Götter glaubt.

Gottfried Keller, Schweizer Dichter und Politiker
geb. 19. Juli 1819 in Zürich; gest. 15. Juli 1890 in Zürich, lebte 71
Jahre. (Zitat-Nr 637)

Am Jüngsten Tag... Sind wir verpflichtet, Rechenschaft zu geben Von jedem Wort, das unnütz uns entfallen.

Johann Wolfgang von Goethe, der wohl größte deutsche Dichter
geb. 28. August 1749 in Frankfurt am Main als Johann Wolfgang Goethe; gest. 22. März 1832 in Weimar, geadelt 1782, lebte 83 Jahre. (Zitat-Nr 638)

Wer Gott aufgibt, der löscht die Sonne aus, um mit einer La-
terne weiterzuwandeln.

Christian Morgenstern, deutscher Dichter und Schriftsteller
geb. 6. Mai 1871 in München; gest. 31. März 1914 in Untermais, Tirol,
Österreich-Ungarn, lebte 43 Jahre. (Zitat-Nr 639)

Ich bin umgeben von der Liebe Gottes.

A course in miracles, spirituelles Werk von Helen Schucman
Helen Schucman geb. 14. Juli 1909 in New York City; gest. 9. Februar
1981, lebte 72 Jahre. (Zitat-Nr 640)

Wenn alle Menschen sich bei der Hand fassen, ist Gott fertig.

Christian Friedrich Hebbel, deutscher Dramatiker
geb. 18. März 1813 in Wesselburen, Dithmarschen; gest. 13. Dezember 1863 in Wien, lebte 50 Jahre. (Zitat-Nr 641)

Gott liebt den kleinen Mann. Er hat so viele von seiner Sorte
gemacht.

Abraham Lincoln, 16. Präsident der USA
geb. 12. Februar 1809 bei Hodgenville, Hardin County, heute: LaRue
County, Kentucky; gest. 15. April 1865 in Washington, D.C., lebte 56
Jahre. (Zitat-Nr 642)

Ich sage, daß ein vollkommener Mensch sich so schwer von
Gott scheiden und trennen würde, daß ihm eine Stunde
ebenso schmerzlich wäre als tausend Jahre.

Meister Eckhart, spätmittelalterlicher Theologe und Philosoph
geb. um 1260, gest. 30. April 1328 in Avignon, lebte 68 Jahre. (Zitat-
Nr 643)

Zwei Dinge sind gleicherweise für den Verstand unerklärlich
und kein Gegenstand, über den man nachdenken soll: Die
Weisheit Gottes und der Wahnwitz der Menschen.

Alexander Pope, englischer Dichter
geb. 21. Mai 1688 in London; gest. 30. Mai 1744 in Twickenham,
heute Teil Londons, lebte 56 Jahre. (Zitat-Nr 644)

Betrachte die ganze Natur, wovon du nur ein winziges Stück-
lein bist, und das ganze Zeitmaß von welchem nur ein kurzer
und kleiner Abschnitt dir zugewiesen ist, und das Schicksal,
wovon das deinige nur ein Bruchteil bildet.

Mark Aurel, römischer Kaiser und Philosoph
geb. 26. April 121 in Rom; gest. 17. März 180 in Vindobona oder eventuell Sirmium, lebte 59 Jahre. (Zitat-Nr 645)

Wir können in keinen Abgrund fallen, außer in den der Hände
Gottes.

Friedrich Nietzsche, deutscher klassischer Philologe und Philosoph
geb. 15. Oktober 1844 in Röcken; gest. 25. August 1900 in Weimar,
lebte 56 Jahre. (Zitat-Nr 646)

Gott wäre ein gar Erbärmliches, wenn er sich in einem Men-
schenkopf begreifen ließe.

Christian Morgenstern, deutscher Dichter und Schriftsteller
geb. 6. Mai 1871 in München; gest. 31. März 1914 in Untermais, Tirol,
Österreich-Ungarn, lebte 43 Jahre. (Zitat-Nr 647)

Glaube

Keine Macht ist stärker als wahre Frömmigkeit.

Seneca, römischer Philosoph
geb. etwa im Jahre 1 in Corduba; gest. 65 n. Chr. bei Rom, lebte 64
Jahre. (Zitat-Nr 648)

Der irrende Glaube ist immer der tiefste.

Jakob Boßhart, Schweizer Schriftsteller
geb. 7. August 1862 im Weiler Stürzikon, Gemeinde Oberembrach,
Kanton Zürich; gest. 18. Februar 1924 in Clavadel bei Davos, lebte 62
Jahre. (Zitat-Nr 649)

Dem Menschen einen Glauben schenken heißt, seine Kraft zu
verzehnfachen.

Gustave Le Bon, französischeer Psychologe
geb. 7. Mai 1841 in Nogent-le-Rotrou; gest. 13. Dezember 1931 in Paris, lebte 90 Jahre. (Zitat-Nr 650)

Für die, welche an keine Unsterblichkeit glauben, gibt es auch
keine.

Ludwig Börne, deutscher Journalist und Literaturkritiker
geb. 6. Mai 1786 im jüdischen Ghetto von Frankfurt am Main als Juda
Löb Baruch; gest. 12. Februar 1837 in Paris, lebte 51 Jahre. (Zitat-Nr
651)

Ist es nicht sonderbar, dass die Menschen so gerne für die Religion fechten und so ungerne nach ihren Vorschriften leben?

Georg Christoph Lichtenberg, deutscher Mathematiker und Aphoristiker
geb. 1. Juli 1742 in Ober-Ramstadt bei Darmstadt; gest. 24. Februar
1799 in Göttingen, lebte 57 Jahre. (Zitat-Nr 652)

Nur was wir selber glauben, glaubt man uns.

Karl Gutzkow, deutscher Schriftsteller
geb. 17. März 1811 in Berlin; gest. 16. Dezember 1878 in Frankfurt-
Sachsenhausen, lebte 67 Jahre. (Zitat-Nr 653)

Des Glaubens Sonde ist der Zweifel.

Johann Gottfried Seume, deutscher Schriftsteller
geb. 29. Januar 1763 in Poserna, Kursachsen; gest. 13. Juni 1810 in
Teplitz, Böhmen, lebte 47 Jahre. (Zitat-Nr 654)

Zweifel ist der Anfang des Glaubens.

Oscar Wilde, irischer Schriftsteller
geb. 16. Oktober 1854 in Dublin; gest. 30. November 1900 in Paris,
lebte 46 Jahre. (Zitat-Nr 655)

Ich will aufhören, an Gott zu glauben, wenn ich sehe, dass ein
Baum ein Gedicht macht und ein Hund eine Madonna malt; e-
her nicht.

Christian Friedrich Hebbel, deutscher Dramatiker
geb. 18. März 1813 in Wesselburen, Dithmarschen; gest. 13. Dezember 1863 in Wien, lebte 50 Jahre. (Zitat-Nr 656)

Der Mensch kann nur glauben, wenn er will.

Augustinus von Hippo, auch Aurelius Augustinus, lateinischer Kirchenlehrer der Spätantike, Bischof, Philosoph
geb. 13. November 354 in Tagaste, auch: Thagaste, in Numidien,
heute Souk Ahras in Algerien; gest. 28. August 430 in Hippo Regius in
Numidien, heute Annaba in Algerien, lebte 76 Jahre. (Zitat-Nr 657)

Das Ineinanderfließen in der Gottheit ist ein Sprechen sonder
Wort und sonder Laut, ein Hören sonder Ohren, ein Sehen
sonder Augen.

Meister Eckhart, spätmittelalterlicher Theologe und Philosoph
geb. um 1260, gest. 30. April 1328 in Avignon, lebte 68 Jahre. (Zitat-
Nr 658)

Zweifel muss nichts sein als Wachsamkeit, sonst kann er gefährlich werden.

Georg Christoph Lichtenberg, deutscher Mathematiker und Aphoristiker
geb. 1. Juli 1742 in Ober-Ramstadt bei Darmstadt; gest. 24. Februar
1799 in Göttingen, lebte 57 Jahre. (Zitat-Nr 659)

Sinnlich beginnt der Mensch, dann denkt er, endlich glaubt er.

Ludwig Börne, deutscher Journalist und Literaturkritiker
geb. 6. Mai 1786 im jüdischen Ghetto von Frankfurt am Main als Juda
Löb Baruch; gest. 12. Februar 1837 in Paris, lebte 51 Jahre. (Zitat-Nr
660)

Es ist nur eine wahre Religion, aber es kann vielerlei Arten des
Glaubens geben.

Immanuel Kant, deutscher Philosoph
geb. 22. April 1724 in Königsberg, Preußen; gest. 12. Februar 1804 in
Königsberg, lebte 80 Jahre. (Zitat-Nr 661)

Selbstfindung und Selbsterkenntnis

Man ist manchmal von sich selbst so verschieden wie von andern.

Francois de La Rochefoucauld, französischer Moralist und Literat
geb. 15. September 1613 in Paris; gest. 17. März 1680 ebendort, lebte
67 Jahre. (Zitat-Nr 662)

Ein Buch muss die Axt sein für das gefrorene Meer in uns.

Franz Kafka, deutschsprachiger Schriftsteller
geb. 3. Juli 1883 in Prag, Österreich-Ungarn; gest. 3. Juni 1924 in Klosterneuburg-Kierling, Österreich), lebte 41 Jahre. (Zitat-Nr 663)

Wer andere kennt, ist klug. Wer sich selbst kennt, ist weise.

Laotse oder Lao-Tse, Laozi, legendärer chinesischer Philosoph
lebte im 6. Jahrhundert vor Christus (Zitat-Nr 664)

Mit sich selbst ist man nicht immer in der vornehmsten Gesellschaft.

Wilhelm Busch, humoristischer Dichter und Zeichner
geb. 15. April 1832 in Wiedensahl; gest. 9. Januar 1908 in Mechtshausen, lebte 76 Jahre. (Zitat-Nr 665)

Wer mit sich selbst im Frieden lebt, denkt von niemandem Arges.

Thomas von Kempen, Mystiker und Schriftsteller
geb. um 1380 in Kempen; gest. 25. Juli 1471, lebte 91 Jahre. (Zitat-Nr 666)

Um den Menschen kennenzulernen, muss man sich selber ein bisschen studieren.

Iwan S. Turgenjew, russischer Schriftsteller
geb. 28. Oktober 1818 in der Nähe von Orjol; gest. 22. August 1883 in Bougival bei Paris, lebte 65 Jahre. (Zitat-Nr 667)

Wer einmal sich selbst gefunden hat, der kann nichts auf dieser Welt mehr verlieren.

Stefan Zweig, österreichischer Schriftsteller
geb. 28. November 1881 in Wien; gest. 23. Februar[1] 1942 in Petrópolis, Bundesstaat Rio de Janeiro, Brasilien, lebte 61 Jahre. (Zitat-Nr 668)

Glücklich leben und naturgemäß leben ist eins.

Seneca, römischer Philosoph
geb. etwa im Jahre 1 in Corduba; gest. 65 n. Chr. bei Rom, lebte 64 Jahre. (Zitat-Nr 669)

Willst du dich selber erkennen, so sieh, wie die andern es treiben; willst du die andern verstehn, blick in dein eigenes Herz!

Friedrich von Schiller, deutscher Dichter und Philosoph
geb. 10. November 1759 in Marbach am Neckar, Württemberg; gest. 9. Mai 1805 in Weimar, Sachsen-Weimar, lebte 46 Jahre. (Zitat-Nr 670)

Du mußt doch endlich einmal begreifen, was das für ein Kosmos ist, von dem du ein Teil bist, und wer der Gestalter der Welt ist, als dessen Ausstrahlung du ins Leben tratst! Daß dir nur eine engbegrenzte Spanne Zeit vergönnt ist; nutzt du sie nicht zur Erleuchtung deiner Seele, dann wird sie eines Tages verstrichen sein und du selbst dahin, und eine zweite Möglichkeit wird dir nicht gegeben werden.

Mark Aurel, römischer Kaiser und Philosoph
geb. 26. April 121 in Rom; gest. 17. März 180 in Vindobona oder eventuell Sirmium, lebte 59 Jahre. (Zitat-Nr 671)

Was ist im Leben am schwersten zu erreichen? - Dass man sich
selber hinter die Schliche kommt!

Wilhelm Busch, humoristischer Dichter und Zeichner
geb. 15. April 1832 in Wiedensahl; gest. 9. Januar 1908 in Mechtshausen, lebte 76 Jahre. (Zitat-Nr 672)

Und wenn wir die ganze Welt durchreisten, um das Schöne zu
finden: Wir müssen es in uns tragen, sonst finden wir es nie.

Ralph Waldo Emerson, amerikanischer Philosoph und Schriftsteller
geb. 25. Mai 1803 in Boston, Massachusetts; gest. 27. April 1882 in
Concord, Massachusetts, lebte 79 Jahre. (Zitat-Nr 673)

Mensch, erkenne dich selbst, dann weißt du alles.

Sokrates, griechischer Philosoph
470 - 399 v. Chr., lebte 71 Jahre. (Zitat-Nr 674)

Sinn des Lebens

Angenehm ist am Gegenwärtigen die Tätigkeit, am Künftigen
die Hoffnung und am Vergangenen die Erinnerung.

Aristoteles, griechischer Philosoph
geb. 384 v. Chr; gest. 322 v. Chr, lebte 62 Jahre. (Zitat-Nr 675)

Nicht der Mensch hat am meisten gelebt, welcher die höchsten Jahre zählt, sondern derjenige, welcher sein Leben am meisten empfunden hat.

Jean-Jacques Rousseau, französischsprachiger Genfer Schriftsteller, Philosoph
geb. 28. Juni 1712 in Genf; gest. 2. Juli 1778 in Ermenonville bei Paris, lebte 66 Jahre. (Zitat-Nr 676)

Gottes ist Woge und Wind. Segel aber und Steuer, dass ihr den Hafen gewinnt, sind euer.

Gorch Fock, deutscher Schriftsteller
geb. 22. August 1880 in Finkenwerder; gest. 31. Mai 1916 in der Seeschlacht am Skagerrak, lebte 36 Jahre. (Zitat-Nr 677)

Das Leben ist eine Mission.

Giuseppe Mazzini, italienischer Freiheitskämpfer
geb. 22. Juni 1805 in Genua; gest. 10. März 1872 in Pisa, lebte 67 Jahre. (Zitat-Nr 678)

Das Leben ist eine Reise, die heimwärts führt.

Hermann Melville, amerikanischer Schriftsteller
geb. 1. August 1819 in New York City, New York; gest. 28. September 1891 ebendort, lebte 72 Jahre. (Zitat-Nr 679)

Kleinigkeiten machen die Summe des Lebens aus.

Charles Dickens, englischer Schriftsteller
geb. 7. Februar 1812 in Landport bei Portsmouth, England; gest. 9. Juni 1870 auf Gad's Hill Place bei Rochester, England, lebte 58 Jahre. (Zitat-Nr 680)

Der Sinn des Lebens ist mehr als das Leben selbst.

Stefan Zweig, österreichischer Schriftsteller
geb. 28. November 1881 in Wien; gest. 23. Februar[1] 1942 in Petrópolis, Bundesstaat Rio de Janeiro, Brasilien, lebte 61 Jahre. (Zitat-Nr 681)

Es ist der Sinn der Ideale, dass sie nicht verwirklicht werden können.

Theodor Fontane, deutscher Schriftsteller
geb. 30. Dezember 1819 in Neuruppin; gest. 20. September 1898 in Berlin, lebte 79 Jahre. (Zitat-Nr 682)

Der Sinn des Lebens ist das Leben selbst.

Johann Wolfgang von Goethe, der wohl größte deutsche Dichter
geb. 28. August 1749 in Frankfurt am Main als Johann Wolfgang Goethe; gest. 22. März 1832 in Weimar, geadelt 1782, lebte 83 Jahre. (Zitat-Nr 683)

Sobald ein Mensch den Sinn und Wert des Lebens bezweifelt, ist er krank.

Sigmund Freud, österreichischer Psychologe und Neurologe
geb. 6. Mai 1856 in Freiberg in Mähren, als Sigismund Schlomo Freud; gest. 23. September 1939 in London, lebte 83 Jahre. (Zitat-Nr 684)

Glaube an dich selbst, Mensch, glaube an den inneren Sinn deines Wesens, so glaubst du an Gott und die Unsterblichkeit.

Johann Heinrich Pestalozzi, Schweizer Pädagoge
geb. 12. Januar 1746 in Zürich; gest. 17. Februar 1827 in Brugg, Kanton Aargau, lebte 81 Jahre. (Zitat-Nr 685)

Die größte Gefahr im Leben ist, dass man zu vorsichtig wird.

Alfred Adler, österreichischer Psychotherapeut und Arzt
geb. 7. Februar 1870 in Rudolfsheim bei Wien, heute Teil des 15. Wiener Gemeindebezirks, Rudolfsheim-Fünfhaus; gest. 28. Mai 1937 in Aberdeen, Schottland, lebte 67 Jahre. (Zitat-Nr 686)

Das Leben ist nie etwas, es ist nur die Gelegenheit zu etwas.

Christian Friedrich Hebbel, deutscher Dramatiker
geb. 18. März 1813 in Wesselburen, Dithmarschen; gest. 13. Dezember 1863 in Wien, lebte 50 Jahre. (Zitat-Nr 687)

Man darf das Schiff nicht an einen einzigen Anker und das Leben nicht an eine einzige Hoffnung binden.

Epiktet, antiker Philosoph
geb. um 50 in Hierapolis in Phrygien; gest. um 138 in Nikopolis in Epirus, lebte 88 Jahre. (Zitat-Nr 688)

Morgengebet

O wunderbares, tiefes Schweigen,
Wie einsam ist''s noch auf der Welt!
Die Wälder nur sich leise neigen,
Als ging'' der Herr durchs stille Feld.

Ich fühl mich recht wie neu geschaffen,
Wo ist die Sorge nun und Not?
Was mich noch gestern wollt erschlaffen,
Ich schäm mich des im Morgenrot.

Die Welt mit ihrem Gram und Glücke
Will ich, ein Pilger, frohbereit
Betreten nur wie eine Brücke
Zu dir, Herr, übern Strom der Zeit.

Und buhlt mein Lied, auf Weltgunst lauernd,
Um schnöden Sold der Eitelkeit:
Zerschlag mein Saitenspiel, und schauernd
Schweig ich vor dir in Ewigkeit.

Joseph Freiherr von Eichendorff, Schriftsteller der deutschen Romantik
geb. 10. März 1788 auf Schloss Lubowitz bei Ratibor, Oberschlesien;
gest. 26. November 1857 in Neisse, lebte 69 Jahre. (Zitat-Nr 689)

Das Werk gibt dem Wort innere Stärke, doch das Gebet erwirbt für Taten und Worte innere Kraft.

Bernhard von Clairvaux, Mönch des Zisterzienserordens, Kreuzzugsprediger
geb. um 1090 auf Burg Fontaine-lès-Dijon bei Dijon; gest. 20. August 1153 in Clairvaux bei Troyes, lebte 63 Jahre. (Zitat-Nr 690)

Des rechten Betens Bedingungen sind vor allem diese vier: in Trübsal Langmut und Geduld, im Herzen Reinheit; im Beten selbst Beharrlichkeit.

Meister Eckhart, spätmittelalterlicher Theologe und Philosoph
geb. um 1260, gest. 30. April 1328 in Avignon, lebte 68 Jahre. (Zitat-Nr 691)

Ich nenne es Unglaube, wenn man an einer Bittprozession um Regen teilnimmt, ohne den Regenschirm mitzunehmen.

Anton Tschechow, russischer Schriftsteller
geb. 1860 in Taganrog, Russland; gest. 1904 in Badenweiler, Deutsches Reich, lebte 44 Jahre. (Zitat-Nr 692)

Gib der Seele einen Sonntag und dem Sonntag eine Seele.

Peter Rosegger, österreichischer Schriftsteller
eigentlich Roßegger; geb. 31. Juli 1843 in Alpl, Steiermark; gest. 26. Juni 1918 in Krieglach, lebte 75 Jahre. (Zitat-Nr 693)

O Gott, was für mich nicht gut ist, das versage mir, auch wenn ich dich darum bitte; was für mich gut ist, das gib mir, auch wenn ich dich nicht darum bitte.

Sokrates, griechischer Philosoph
470 - 399 v. Chr., lebte 71 Jahre. (Zitat-Nr 694)

Bewahr' uns, lieber Herre Gott, vor Pestilenz und Kriegesnot, vor Misswachs, Hagel, Feuersbrunst und vor der offiziellen Kunst.

Ludwig Fulda, deutscher Bühnenautor
geb. 15. Juli 1862 in Frankfurt am Main; gest. 30. März 1939 in Berlin, lebte 77 Jahre. (Zitat-Nr 695)

Wäre das Wort ›Danke‹ das einzige Gebet, das du je sprichst, so würde es genügen.

Meister Eckhart, spätmittelalterlicher Theologe und Philosoph
geb. um 1260, gest. 30. April 1328 in Avignon, lebte 68 Jahre. (Zitat-Nr 696)

Gott, inbrünstig möcht ich beten, doch der Erde Bilder treten immer zwischen dich und mich.

Joseph Freiherr von Eichendorff, Schriftsteller der deutschen Romantik
geb. 10. März 1788 auf Schloss Lubowitz bei Ratibor, Oberschlesien; gest. 26. November 1857 in Neisse, lebte 69 Jahre. (Zitat-Nr 697)

Bewahre mich vor der Angst, ich könnte das Leben versäumen.
Gib mir nicht, was ich wünsche, sondern was ich brauche.

Antoine de Saint-Exupéry, französischer Schriftsteller und Pilot
geb. 29. Juni 1900 in Lyon; gest. 31. Juli 1944 in Nähe der Île de Riou
bei Marseille, lebte 44 Jahre. (Zitat-Nr 698)

BUßE UND ZURÜCKHALTUNG

Hast Schlechtes du getan, nimm dich in acht,
Daß dich das Schlechte nicht noch schlechter macht.
Magst Reue, Buße oder sonst es nennen:
Du mußt das Schlechte aus der Seele brennen.

Paul Ernst, deutscher Schriftsteller
geb. 7. März 1866 in Elbingerode (Harz); gest. 13. Mai 1933 in Sankt
Georgen an der Stiefing, Steiermark, lebte 67 Jahre. (Zitat-Nr 699)

Aber du wirst richten, heilige Natur! Denn, wenn sie nur bescheiden wären, diese Menschen, zum Gesetze sich nicht
machten für die Besseren unter ihnen!, wenn sie nur nicht läs-
terten, was sie nicht sind, und möchten sie doch lästern, wenn
sie nur das Göttliche nicht höhnten!

Johann C. F. Hölderlin, deutschen Lyriker
geb. 20. März 1770 in Lauffen am Neckar; gest. 7. Juni 1843 in Tübingen, lebte 73 Jahre. (Zitat-Nr 700)

Denn die Bescheidenheit ist eine Art des Ehrgeizes.

Baruch de Spinoza, niederländischer Philosoph
geboren am 24. November 1632 in Amsterdam; gestorben am 21.
Februar 1677 in Den Haag, lebte 45 Jahre. (Zitat-Nr 701)

Bescheidenheit kleidet Jedermann, sie ist das erste Verdienst
des Weisen.

Friedrich II. von Preußen, König von Preußen und Kurfürst von Brandenburg, der "Alte Fritz"
geb. 24. Januar 1712 in Berlin; gest. 17. August 1786 in Potsdam,
lebte 74 Jahre. (Zitat-Nr 702)

Die Erkenntnis der eigenen Kraft macht bescheiden.

Paul Cézanne, französischer Maler
geb. 19. Januar 1839 in Aix-en-Provence; gest. 22. Oktober 1906
ebendort, lebte 67 Jahre. (Zitat-Nr 703)

Wenn man Bescheidenheit wegen nichts anderem empfehlen
sollte, so wäre schon das genug: daß ein Mann in Ruhe gelas-
sen wird, wenn er geringe Ansprüche stellt; wogegen Prahlerei
fortwährende Arbeit erfordert, um zu scheinen, was man nicht
ist.

Alexander Pope, englischer Dichter
geb. 21. Mai 1688 in London; gest. 30. Mai 1744 in Twickenham,
heute Teil Londons, lebte 56 Jahre. (Zitat-Nr 704)

Stolze und feige Menschen sind dreist, solange ihnen das
Schicksal günstig ist, in der Not aber werden sie plötzlich klein-
laut und bescheiden.

Niccolo Macchiavelli, florentinischer Philosoph, Politiker und Dichter
geb. 3. Mai 1469 in Florenz, Republik Florenz; gest. 21. Juni 1527
ebendort, lebte 58 Jahre. (Zitat-Nr 705)

Sei bescheiden und anspruchslos, so wirst du ruhig und unbefangen sein.

Helmuth Graf von Moltke, preußischer Generalfeldmarschall
geb. 26. Oktober 1800 in Parchim; gest. 24. April 1891 in Berlin, lebte 91 Jahre. (Zitat-Nr 706)

Stärker jeden Morgen, bescheidener jeden Abend!

Johann Kaspar Lavater, Schweizer Schriftsteller und Philosoph
geb. 15. November 1741 in Zürich; gest. 2. Januar 1801 ebendort, lebte 60 Jahre. (Zitat-Nr 707)

Die allerbeste Buße ist die, daß man sich zu einer vollkommenen Abkehr entschließt von allem, was nicht durchaus Gott und göttlich ist an uns und aller Welt.

Meister Eckhart, spätmittelalterlicher Theologe und Philosoph
geb. um 1260, gest. 30. April 1328 in Avignon, lebte 68 Jahre. (Zitat-Nr 708)

KRAFT AUS SPIRITUALITÄT

Newton, Pascal, Racine, Bossuet, Fénélon, also die aufgeklärtesten Köpfe des philosophischesten aller Jahrhunderte, haben in der Vollkraft ihres Geistes und Lebens an Jesus Christus geglaubt, und der große Condé wiederholte auf dem Totenbett die Worte: "Ja, wir werden Gott schauen wie er ist ..."

Luc de Clapiers, Marquis de Vauvenargues, französischer Schriftsteller und Philosoph
geb. 6. August 1715 in Aix-en-Provence; gest. 28. Mai 1747 in Paris, lebte 32 Jahre. (Zitat-Nr 709)

Ohne die jenseitige Welt ist die diesseitige Welt ein trostloses
Rätsel.

August Strindberg, schwedischer Schriftsteller
geb. 22. Januar 1849 in Stockholm; gest. 14. Mai 1912 in Stockholm,
lebte 63 Jahre. (Zitat-Nr 710)

...aber seine wahren Kinder
sind so kühn wie Löwen

Bibel, Sprüche 28:1, Bibel - die Heilige Schrift des Christentums, Buch
der Sprüche
das Alte Testament entwickelte sich aus dem jüdischen Tanach, das
Neue Testament wurde seit Beginn der christlichen Zeitrechnung
(Jahr 0) niedergelegt (Zitat-Nr 711)

Petrus soll sogar Franklin, der ihm offen beichtete, dass er
keine andere Religion habe als das Naturgesetz und die Men-
schenliebe, zugeflüstert haben: "Komm herein und nimm
Platz, wo du willst!"

Karl Julius Weber, deutscher Schriftsteller
geb. 16. April 1767 in Langenburg; gest. 19. Juli 1832 in Kupferzell,
lebte 65 Jahre. (Zitat-Nr 712)

Das Glück läuft niemand nach. Man muss es aufsuchen.

Adolph Kolping, deutscher katholischer Priester
geb. 8. Dezember 1813 in Kerpen bei Köln; gest. 4. Dezember 1865 in
Köln, lebte 52 Jahre. (Zitat-Nr 713)

Ich werde bei dir sein,
wenn du durch das tiefe Wasser gehst.

Bibel, Jesaja 43:2, Altes Testament
das Alte Testament entwickelte sich aus dem jüdischen Tanach, das
Neue Testament wurde seit Beginn der christlichen Zeitrechnung
(Jahr 0) niedergelegt (Zitat-Nr 714)

Die Sterne fürchten sich nicht, wie Leuchtkäfer zu erscheinen.

Rabindranath Tagore, bengalischer Dichter, Philosoph und Maler
geb. 7. Mai 1861 in Kalkutta; gest. 7. August 1941 ebendort, lebte 80
Jahre. (Zitat-Nr 715)

Jacob war ein Betrüger. David hatte eine Affäre. Noah trank.
Jonas floh Gott. Paulus war ein Mörder. Miriam tratschte.
Martha sorgte sich. Thomas zweifelte. Sara war ungeduldig.
Elias war aufbrausend. Abraham war alt. Lazarus war tot.

Meine Gnade ist ausreichend für euch alle,
denn meine Macht wird vollkommen durch Schwäche.

Bibel, Korinther 12:, Buch des Neuen Testaments
das Alte Testament entwickelte sich aus dem jüdischen Tanach, das
Neue Testament wurde seit Beginn der christlichen Zeitrechnung
(Jahr 0) niedergelegt (Zitat-Nr 716)

Es gibt Leute, die können alles glauben, was sie wollen; das
sind glückliche Geschöpfe.

Georg Christoph Lichtenberg, deutscher Mathematiker und Aphoristiker
geb. 1. Juli 1742 in Ober-Ramstadt bei Darmstadt; gest. 24. Februar
1799 in Göttingen, lebte 57 Jahre. (Zitat-Nr 717)

Sei das Licht

Bibel, Matt. 5:14, Bibel - die Heilige Schrift des Christentums
das Alte Testament entwickelte sich aus dem jüdischen Tanach, das
Neue Testament wurde seit Beginn der christlichen Zeitrechnung
(Jahr 0) niedergelegt (Zitat-Nr 718)

WERTSCHÄTZEN

SEHNEN UND LEIDENSCHAFT

Sobald echte Leidenschaft auf die geringsten Hindernisse stößt, erzeugt sie mit aller Wahrscheinlichkeit mehr Unglück als Glück.

Henri Stendhal, französischer Schriftsteller
geb. 23. Januar 1783 in Grenoble; gest. 23. März 1842 in Paris, lebte 59 Jahre. (Zitat-Nr 719)

Den Zauber der Leidenschaft ahnen wir nicht. Jene, die wir wegen ihrer Unbeständigkeit beklagen, verachten unsere Ruhe.

Luc de Clapiers, Marquis de Vauvenargues, französischer Schriftsteller und Philosoph
geb. 6. August 1715 in Aix-en-Provence; gest. 28. Mai 1747 in Paris, lebte 32 Jahre. (Zitat-Nr 720)

Die Zeit, die wir jeden Tag zur Verfügung haben, ist elastisch; die Leidenschaften, die wir fühlen, dehnen sie aus, die, die wir erregen, ziehen sie zusammen; und Gewohnheit füllt den Rest aus.

Marcel Proust, französischer Schriftsteller
geb. 10. Juli 1871 in Paris; gest. 18. November 1922 ebendort, lebte 51 Jahre. (Zitat-Nr 721)

Ach! So ist der Menschen Geschlecht: wir sehnen und hoffen, und das ersehnte Glück wird uns errungen zur Last.

Theodor Körner, deutscher Dichter
geb. 23. September 1791 in Dresden; gest. 26. August 1813 im Forst Rosenow, lebte 22 Jahre. (Zitat-Nr 722)

Rein wie Tau ist alles Sehnen, Trüb und flüchtig der Genuß.

Ernst Schulze, deutscher Dichter
geb. 22. März 1789 in Celle; gest. 29. Juni 1817 ebendort, lebte 28 Jahre. (Zitat-Nr 723)

Ein wenig Leidenschaft beflügelt den Geist, zu viel löscht ihn aus.

Henri Stendhal, französischer Schriftsteller
geb. 23. Januar 1783 in Grenoble; gest. 23. März 1842 in Paris, lebte 59 Jahre. (Zitat-Nr 724)

Das Warten ist so qualvoll, daß man beinahe wünschen könnte, das Schreckliche möchte eintreten, nur damit man endlich Ruhe hat.

Gilbert Keith Chesterton, englischer Schriftsteller
geb. 29. Mai 1874 im Londoner Stadtteil Kensington; gest. 14. Juni 1936 in Beaconsfield, lebte 62 Jahre. (Zitat-Nr 725)

Das Heimweh, welches die vier Menschen schon fast vergessen hatten, kam wieder in einer anderen, unerwarteten Gestalt über sie. Sie sehnten sich nicht mehr nach der Vergangenheit, sondern sie träumten in den heißen Stuben hinter dicht verhangenen Fenstern von dem leichten, luftigen Dorfsommer, dem die kühlen Winde so nachbarlich sind. Von den hellen Feldwegen, über welche die jungen Obstbäumchen ihre ruhend dünnen Schatten legen, so daß man drüber hin wie auf einer Leiter geht, von Strich zu Strich. Von den schweren, reifen Feldern, die so breit und prächtig zu wogen beginnen gegen den Abend zu, und von den Hainen, in deren dunkelnder Stille die schweigsamen Teiche liegen, von denen niemand weiß, wie tief sie sind. Und dabei dachte jeder von den vier Menschen an irgendeine bestimmte unbedeutende Stunde, deren kleines Glück man einst, ohne es zu werten, ebenso mitgenommen hatte. Und umso schmerzlicher war dieses Sehnen, als es nicht ein Unwiederbringliches betraf, als jeder fühlte, wie der heitere Heimatsommer ihn erwartete und traurig wurde, wenn keiner kam.

Rainer Maria Rilke, deutscher Lyriker
geb. 4. Dezember 1875 in Prag; gest. 29. Dezember 1926 in Sanatorium Valmont bei Montreux, Schweiz, lebte 51 Jahre. (Zitat-Nr 726)

Wir werden von einer Leidenschaft nur geheilt, wenn wir sie bis zum Letzten auskosten.

Marcel Proust, französischer Schriftsteller
geb. 10. Juli 1871 in Paris; gest. 18. November 1922 ebendort, lebte 51 Jahre. (Zitat-Nr 727)

Hätten wir ohne Leidenschaft die Künste gepflegt? Hätten wir mit dem Verstand allein gefunden, was uns not tut, erkannt, welche Gaben in uns ruhen, was alles wir vermögen?

Luc de Clapiers, Marquis de Vauvenargues, französischer Schriftsteller und Philosoph
geb. 6. August 1715 in Aix-en-Provence; gest. 28. Mai 1747 in Paris, lebte 32 Jahre. (Zitat-Nr 728)

WERTSCHÄTZUNG UND ZUFRIEDENHEIT

Wir sind umso freier, je mehr wir der Vernunft gemäß handeln, und umso mehr geknechtet, je mehr wir uns von den Leidenschaften regieren lassen.

Gottfried Wilhelm von Leibniz, deutscher Philosoph, Mathematiker
geb. 21. Juni 1646 in Leipzig; gest. 14. November 1716 in Hannover, lebte 70 Jahre. (Zitat-Nr 729)

Beim Schlafengehen sollten wir uns sagen: Ich habe gelebt und den mir vom Schicksal bestimmten Weg zurückgelegt. Wenn Gott uns noch einen Morgen schenkt, werden wir ihn mit dem Gefühl, dass uns unerwarteter Gewinn zufällt, freudig entgegennehmen.

Seneca, römischer Philosoph
geb. etwa im Jahre 1 in Corduba; gest. 65 n. Chr. bei Rom, lebte 64 Jahre. (Zitat-Nr 730)

Jedermann ist bereit, seine Gesundheit, seine Ruhe und sein
Leben für Ansehen und Ruhm hinzugeben, und was er da als
Zahlung erhält, ist doch die unnützeste, die wertloseste, die
falscheste Münze, die es gibt.

Michel E. de Montaigne, französischer Politiker und Philosoph
geb. 28. Februar 1533 im Périgord; gest. 13. September 1592, lebte
59 Jahre. (Zitat-Nr 731)

Eins halte fest und denk'' es immer milder,
Gelassner und größer immer werdend:
Die Erd'' ist nur ein Ruheplatz des Geistes,
Der in dem All mit heil''ger Liebe schwebt;
Die goldnen Oasen – die Gestirne,
Und was die Erde alles auch hervorbringt,
Es ist nur seine Ruhe, sein Verweilen.

Leopold Schefer, deutscher Dichter
geb. 30. Juli 1784 in Muskau; gest. 16. Februar 1862 ebendort, lebte
78 Jahre. (Zitat-Nr 732)

Fort mit dem Gedanken an Verdammung, fort mit der Furcht,
fort mit der Unruhe!

Bernhard von Clairvaux, Mönch des Zisterzienserordens, Kreuzzugsprediger
geb. um 1090 auf Burg Fontaine-lès-Dijon bei Dijon; gest. 20. August
1153 in Clairvaux bei Troyes, lebte 63 Jahre. (Zitat-Nr 733)

Ruhe, Ergebung, Leere, Nichthaben, Untätigkeit – sie bilden
das Gleichgewicht von Himmel und Erde und sind das wahre
Wesen des rechten Weges und seiner Macht.

Dschuang Dsi, chinesischer Philosoph und Dichter
geb. um 365 v. Chr.; gest. 290 v. Chr., lebte 75 Jahre. (Zitat-Nr 734)

Wie viel du wünschen magst, der Wunsch wird weiter gehn,
und Glück ist da nur. wo die Wünsche stille stehn.

Friedrich Rückert, deutscher Dichter
geb. 16. Mai 1788 in Schweinfurt; gest. 31. Januar 1866 in Neuses,
lebte 78 Jahre. (Zitat-Nr 735)

An einem offenen Paradiesgärtchen geht der Mensch gleichgültig vorbei und wird erst traurig, wenn es verschlossen ist.

Gottfried Keller, Schweizer Dichter und Politiker
geb. 19. Juli 1819 in Zürich; gest. 15. Juli 1890 in Zürich, lebte 71
Jahre. (Zitat-Nr 736)

Ein großer Mensch benutzt Tongeschirr so als wäre es Silber.
Nicht weniger groß ist, wer Silber so benutzt, als sei es Tongeschirr.

Seneca, römischer Philosoph
geb. etwa im Jahre 1 in Corduba; gest. 65 n. Chr. bei Rom, lebte 64
Jahre. (Zitat-Nr 737)

Begnügt euch doch, ein Mensch zu sein!

Gotthold Ephraim Lessing, Dichter der deutschen Aufklärung
geb. 22. Januar 1729 in Kamenz, Markgraftum Oberlausitz; gest. 15.
Februar 1781 in Braunschweig, lebte 52 Jahre. (Zitat-Nr 738)

Den Fortschritt verdanken wir den Nörglern. Zufriedene Menschen wünschen keine Veränderung.

Herbert George Wells, englischer Schriftsteller
geb. 21. September 1866 in Bromley; gest. 13. August 1946 in London, lebte 80 Jahre. (Zitat-Nr 739)

Das Alter

Späte Freuden sind die schönsten; sie stehen zwischen entschwundener Sehnsucht und kommendem Frieden.

Marie von Ebner-Eschenbach, mährisch-österreichische Schriftstellerin
geb. 13. September 1830 auf Schloss Zdislawitz bei Kremsier in Mähren; gest. 12. März 1916 in Wien, lebte 86 Jahre. (Zitat-Nr 740)

Wie nutzlos, durch dieses Leben zu wandern, wär's nicht die Brücke zu einem andern

Friedrich von Bodenstedt, deutscher Schriftsteller
geb. 22. April 1819 in Peine; gest. 18. April 1892 in Wiesbaden, lebte 73 Jahre. (Zitat-Nr 741)

Hat dir der Tag was gebracht? So fragt sich am Abend der Jüngling. Hat dir der Tag was geraubt? fragt sich der Mann und der Greis.

Christian Friedrich Hebbel, deutscher Dramatiker
geb. 18. März 1813 in Wesselburen, Dithmarschen; gest. 13. Dezember 1863 in Wien, lebte 50 Jahre. (Zitat-Nr 742)

So ist der Tod auch ein Bad nur. Aber drüben am anderen Ufer liegt uns bereitet ein neu Gewand.

Emanuel Geibel, deutscher Lyriker
geb. 17. Oktober 1815 in Lübeck; gest. 6. April 1884 ebendort, lebte 69 Jahre. (Zitat-Nr 743)

Das Greisenalter, das alle zu erreichen wünschen, klagen alle an, wenn sie es erreicht haben.

Cicero, römischer Politiker, Schriftsteller und Philosoph
geb. 106 v. Chr; gest. 43 v. Chr., lebte 63 Jahre. (Zitat-Nr 744)

Um alt zu werden, darf man keine Grundsätze haben.

Ludwig Börne, deutscher Journalist und Literaturkritiker
geb. 6. Mai 1786 im jüdischen Ghetto von Frankfurt am Main als Juda Löb Baruch; gest. 12. Februar 1837 in Paris, lebte 51 Jahre. (Zitat-Nr 745)

Ängstigt euch nicht vor dem Tod, denn seine Bitterkeit liegt in der Furcht vor ihm.

Sokrates, griechischer Philosoph
470 - 399 v. Chr., lebte 71 Jahre. (Zitat-Nr 746)

Es ist besser, ein junger Spatz zu sein als ein alter Paradiesvogel.

Mark Twain, amerikanischer Autor
geb. 30. November 1835 in Florida, Missouri; gest. 21. April 1910 in
Redding, Connecticut, lebte 75 Jahre. (Zitat-Nr 747)

Alt macht nicht das Grau der Haare, alt macht nicht die Zahl
der Jahre, alt ist, wer den Humor verliert und sich für nichts
mehr interessiert.

Gotthold Ephraim Lessing, Dichter der deutschen Aufklärung
geb. 22. Januar 1729 in Kamenz, Markgraftum Oberlausitz; gest. 15.
Februar 1781 in Braunschweig, lebte 52 Jahre. (Zitat-Nr 748)

Der Strom trug das ins Wasser gestreute Laub der Bäume fort.
Ich dachte an alte Leute, die auswandern ohne ein Klagewort.

Joachim Ringelnatz, deutscher Schriftsteller und Kabarettist
geb. 7. August 1883 in Wurzen; gest. 17. November 1934 in Berlin,
lebte 51 Jahre. (Zitat-Nr 749)

Kein kluger Mensch hat jemals gewünscht, jünger zu sein.

Jonathan Swift, anglo-irischer Schriftsteller
geb. 30. November 1667 in Dublin, Königreich Irland; gest. 19. Oktober 1745 in Dublin, lebte 78 Jahre. (Zitat-Nr 750)

Altwerden heißt sehend werden.

Marie von Ebner-Eschenbach, mährisch-österreichische Schriftstellerin
geb. 13. September 1830 auf Schloss Zdislawitz bei Kremsier in Mähren; gest. 12. März 1916 in Wien, lebte 86 Jahre. (Zitat-Nr 751)

Ein neues Frühjahr zu erleben, halte ich jedesmal für eine
Gnade Gottes.

Helmuth Graf von Moltke, preußischer Generalfeldmarschall
geb. 26. Oktober 1800 in Parchim; gest. 24. April 1891 in Berlin, lebte
91 Jahre. (Zitat-Nr 752)

In den Ozean schifft mit tausend Masten der Jüngling; still, auf
gerettetem Boot, treibt in den Hafen der Greis.

Friedrich von Schiller, deutscher Dichter und Philosoph
geb. 10. November 1759 in Marbach am Neckar, Württemberg; gest.
9. Mai 1805 in Weimar, Sachsen-Weimar, lebte 46 Jahre. (Zitat-Nr
753)

ANDEREN FREUDE MACHEN

Die Kunst zu erfreuen besteht darin, selbst erfreut zu sein.

William Hazlitt, englischer Schriftsteller
geb. 10. April 1778 in Maidstone; gest. 18. September 1830 in London, lebte 52 Jahre. (Zitat-Nr 754)

Wenn du Menschen erfreuen willst, mußt du sie auf ihre
Weise erfreuen.

Graf Chesterfield, auch Philip Stanhope, 4. Earl of Chesterfield, britischer Politiker und Schriftsteller
geb. 22. September 1694 in London; gest. 24. März 1773 ebendort,
lebte 79 Jahre. (Zitat-Nr 755)

Trag muntern Herzens deine Last
Und übe fleissig dich im Lachen.
Wenn du an dir nicht Freude hast,
Die Welt wird dir nicht Freude machen.

Paul Heyse, deutscher Schriftsteller
geb. 15. März 1830 in Berlin; gest. 2. April 1914 in München, lebte 84
Jahre. (Zitat-Nr 756)

Mach' andern Freude! Du wirst erfahren, dass Freude freut.

Friedrich Theodor Vischer, deutscher Literaturwissenschaftler und
Philosoph
geb. 30. Juni 1807 in Ludwigsburg; gest. 14. September 1887 in
Gmunden am Traunsee, lebte 80 Jahre. (Zitat-Nr 757)

Die Gelegenheit, den Menschen große Dienste zu erweisen, ist
nicht sehr häufig. Dagegen kann man auf Schritt und Tritt jemandem eine kleine Freude machen, wenn es auch bloß ein
freundlicher Gruß wäre, der schon manches einsame und
freudlose Dasein, wie ein Sonnenblick, erhellen kann.

Carl Hilty, Schweizer Jurist und Theologe
geb. 28. Februar 1833 im Städtchen Werdenberg, Gemeinde Grabs im
Kanton St. Gallen; gest. 12. Oktober 1909 in Clarens, lebte 76 Jahre.
(Zitat-Nr 758)

Schön ist es, miteinander zu schweigen, schöner, miteinander
zu lachen.

Friedrich Nietzsche, deutscher klassischer Philologe und Philosoph
geb. 15. Oktober 1844 in Röcken; gest. 25. August 1900 in Weimar,
lebte 56 Jahre. (Zitat-Nr 759)

Lachen und Lächeln sind Tor und Pforte, durch die viel Gutes in den Menschen hineinhuschen kann.

Christian Morgenstern, deutscher Dichter und Schriftsteller
geb. 6. Mai 1871 in München; gest. 31. März 1914 in Untermais, Tirol, Österreich-Ungarn, lebte 43 Jahre. (Zitat-Nr 760)

Was anders wäre Freud'', als Freude machen?

George Lord Byron, britischer Dichter
geb. 22. Januar 1788 in London; gest. 19. April 1824 in Messolongi, Griechenland, lebte 36 Jahre. (Zitat-Nr 761)

Freude lässt sich nur voll auskosten, wenn sich ein anderer mitfreut.

Mark Twain, amerikanischer Autor
geb. 30. November 1835 in Florida, Missouri; gest. 21. April 1910 in Redding, Connecticut, lebte 75 Jahre. (Zitat-Nr 762)

Humor ist eines der besten Kleidungsstücke, die man in Gesellschaft tragen kann.

William M. Thackeray, englischer Schriftsteller
geb. 18. Juli 1811 in Kalkutta; gest. 24. Dezember 1863 in London, lebte 52 Jahre. (Zitat-Nr 763)

Dein Gesicht wird dir geschenkt, lachen musst du selber.

Friedrich von Bodenstedt, deutscher Schriftsteller
geb. 22. April 1819 in Peine; gest. 18. April 1892 in Wiesbaden, lebte
73 Jahre. (Zitat-Nr 764)

Lachen ist eine Macht, vor der die Größten dieser Welt sich
beugen müssen.

Émile Zola, französischer Schriftsteller
geb. 2. April 1840 in Paris; gest. 29. September 1902 in Paris, lebte 62
Jahre. (Zitat-Nr 765)

Du wirst es nie zu Tücht'gem bringen bei deines Grames Träu-
mereien: Die Tränen lassen nichts gelingen; wer schaffen will,
muss fröhlich sein.

Theodor Fontane, deutscher Schriftsteller
geb. 30. Dezember 1819 in Neuruppin; gest. 20. September 1898 in
Berlin, lebte 79 Jahre. (Zitat-Nr 766)

Ein Leben ohne Feste ist wie ein langer Weg ohne Einkehr.

Demokrit, antiker griechischer Philosoph
geb. 459 v. Chr; gestorben 371 v. Chr., lebte 88 Jahre. (Zitat-Nr 767)

Beim Kegeln kommt der ganze Mensch zum Vorschein.

Franz Kafka, deutschsprachiger Schriftsteller
geb. 3. Juli 1883 in Prag, Österreich-Ungarn; gest. 3. Juni 1924 in Klosterneuburg-Kierling, Österreich), lebte 41 Jahre. (Zitat-Nr 768)

Glaube nicht, dass jeder, der lacht, sich auch freut… Wahre Freude ist eine ernste Sache.

Seneca, römischer Philosoph
geb. etwa im Jahre 1 in Corduba; gest. 65 n. Chr. bei Rom, lebte 64 Jahre. (Zitat-Nr 769)

Ein Schulmeister muss singen können.

Martin Luther, theologischer Begründer der Reformation
geb. 10. November 1483 in Eisleben, Grafschaft Mansfeld; gest. 18. Februar 1546 ebendort, lebte 63 Jahre. (Zitat-Nr 770)

Der Witz ist das einzige Ding, was umso weniger gefunden wird, je eifriger man es sucht.

Christian Friedrich Hebbel, deutscher Dramatiker
geb. 18. März 1813 in Wesselburen, Dithmarschen; gest. 13. Dezember 1863 in Wien, lebte 50 Jahre. (Zitat-Nr 771)

Der Himmel hat den Menschen als Gegengewicht gegen die vielen Mühseligkeiten drei Dinge gegeben: die Hoffnung, den Schlaf und das Lachen.

Immanuel Kant, deutscher Philosoph
geb. 22. April 1724 in Königsberg, Preußen; gest. 12. Februar 1804 in Königsberg, lebte 80 Jahre. (Zitat-Nr 772)

Wer sich heute freuen kann, der soll nicht warten bis morgen.

Johann Heinrich Pestalozzi, Schweizer Pädagoge
geb. 12. Januar 1746 in Zürich; gest. 17. Februar 1827 in Brugg, Kanton Aargau, lebte 81 Jahre. (Zitat-Nr 773)

Gute Unterhaltung besteht nicht darin, dass man etwas Ge-
scheites sagt, sondern dass man etwas Dummes anhören
kann.

Wilhelm Busch, humoristischer Dichter und Zeichner
geb. 15. April 1832 in Wiedensahl; gest. 9. Januar 1908 in Mechtshausen, lebte 76 Jahre. (Zitat-Nr 774)

Die Menschen verkommen, wenn sie kein Feierkleid anziehen.

Thomas Carlyle, schottischer Lyriker und Historiker
geb. 4. Dezember 1795 in Ecclefechan, Dumfries and Galloway; gest.
5. Februar 1881 in London, lebte 86 Jahre. (Zitat-Nr 775)

Die Gegner des Witzes sind die, denen er fehlt.

Guy de Maupassant, französischer Erzähler
geb. 5. August 1850 auf Schloss Miromesnil in Tourville-sur-Arques,
Normandie; gest. 6. Juli 1893 in Passy, Paris, lebte 43 Jahre. (Zitat-Nr
776)

Der Heiterkeit sollen wir, wann immer sie sich einstellt, Tür
und Tor öffnen; denn sie kommt nie zur unrechten Zeit.

Arthur Schopenhauer, bedeutender deutscher Philosoph und Autor
geb. 22. Februar 1788 in Danzig; gest. 21. September 1860 in Frankfurt am Main, lebte 72 Jahre. (Zitat-Nr 777)

Kein Vergnügen ist so leicht zu haben wie eine nette Konversation. Sie kostet kein Geld, bringt nur Gewinn, erweitert den Horizont, begründet und pflegt Freundschaften und läßt sich in jedem Alter und nahezu jeder gesundheitlichen Verfassung genießen.

Robert L. Stevenson, schottischer Schriftsteller
geb. 13. November 1850 in Edinburgh; gest. 3. Dezember 1894 in Vailima, nahe Apia, Samoa, lebte 44 Jahre. (Zitat-Nr 778)

Die, die lieben, schaffen sich selbst Träume.

Vergil, lateinischer Dichter
geb. 70 v. Chr. ; gest. 19 v. Chr. in Brindisi, lebte 51 Jahre. (Zitat-Nr 779)

Wenn man einen Menschen in Freundschaft liebt, wünscht man ihn glücklich zu sehen.

Sully Prudhomme, französischer Schriftsteller
geb. 16. März 1839 in Paris; gest. 7. September 1907 in Châtenay-Malabry, lebte 68 Jahre. (Zitat-Nr 780)

Es gehört nicht nur guter Wille zur Freundschaft, auch Talent, Seelenkunde und Erlebnisse ähnlicher Art.

Paul Heyse, deutscher Schriftsteller
geb. 15. März 1830 in Berlin; gest. 2. April 1914 in München, lebte 84 Jahre. (Zitat-Nr 781)

Ein Quentchen wirkliche Freundschaft ist viel mehr als eine
ganze Wagenladung Verehrung.

Carl Hilty, Schweizer Jurist und Theologe
geb. 28. Februar 1833 im Städtchen Werdenberg, Gemeinde Grabs im
Kanton St. Gallen; gest. 12. Oktober 1909 in Clarens, lebte 76 Jahre.
(Zitat-Nr 782)

Freundschaft

Wenn Menschen sich aus innrem Werte kennen,
So können sie sich freudig Freunde nennen,
Das Leben ist den Menschen so bekannter,
Sie finden es im Geist interessanter.

Der hohe Geist ist nicht der Freundschaft ferne,
Die Menschen sind den Harmonien gerne
Und der Vertrautheit hold, daß sie der Bildung leben,
Auch dieses ist der Menschheit so gegeben.

Johann C. F. Hölderlin, deutschen Lyriker
geb. 20. März 1770 in Lauffen am Neckar; gest. 7. Juni 1843 in Tübingen, lebte 73 Jahre. (Zitat-Nr 783)

Freundschaft: Aufschluß und Teilung der Herzen, innige Freude
aneinander, gemeinschaftliches Leid miteinander, Rat, Trost,
Bemühung, Hilfe füreinander sind die Kennzeichen, ihre Süßig-
keiten und innere Belohnung.

Johann Gottfried von Herder, deutscher Dichter und Theologe
geb. 25. August 1744 in Mohrungen, Königreich Preußen; gest. 18.
Dezember 1803 in Weimar, Herzogtum Sachsen-Weimar-Eisenach,
lebte 59 Jahre. (Zitat-Nr 784)

Die Freundschaft soll nicht das Zollamt sein, um pflichtgemäß
Abgaben durch sie zu erlangen, sondern eine Quelle für wahre
Freude und Verschönerung des Lebens.

Ambrosius von Mailand, römischer Politiker und Bischof
geboren um 340, g estorben um 397, lebte 57 Jahre. (Zitat-Nr 785)

Freundschaft ist der einzige Zement, der die Welt in den Fugen
hält.

Woodrow Wilson, 28. Präsident der Vereinigten Staaten
geb. 28. Dezember 1856 in Staunton, Virginia; gest. 3. Februar 1924 in
Washington, D.C., lebte 68 Jahre. (Zitat-Nr 786)

Gastfreundschaft ist die Tugend, welche uns veranlasst, gewissen Menschen Nahrung und Obdach zu geben, die beides nicht
nötig haben.

Ambrose Bierce, amerikanischer Schriftsteller
geb. 24. Juni 1842; gest. 1914 in Mexiko, lebte 72 Jahre. (Zitat-Nr 787)

TOD UND SEELE - ENDLICHKEIT

Soviel in dir Liebe wächst, soviel wächst die Schönheit in dir.
Denn die Liebe ist die Schönheit der Seele.

Augustinus von Hippo, auch Aurelius Augustinus, lateinischer Kirchenlehrer der Spätantike, Bischof, Philosoph
geb. 13. November 354 in Tagaste, auch: Thagaste, in Numidien,
heute Souk Ahras in Algerien; gest. 28. August 430 in Hippo Regius in
Numidien, heute Annaba in Algerien, lebte 76 Jahre. (Zitat-Nr 788)

Der Erde Druck, die heiligen Übel des Lebens,
Erhöhen den Geist, erheben die Seele zu Gott.

Christoph August Tiedge, deutscher Dichter und Autor
geb. 14. Dezember 1752 in Gardelegen; gest. 8. März 1841 in Dresden, lebte 89 Jahre. (Zitat-Nr 789)

Die Nacht holt heimlich durch des Vorhangs Falten
Aus deinem Haar vergeßnen Sonnenschein.
Schau, ich will nichts, als deine Hände halten
und still und gut und voller Frieden sein.

Da wächst die Seele mir, bis sie in Scherben
den Alltag sprengt; sie wird so wunderweit:
An ihren morgenroten Molen sterben
die ersten Wellen der Unendlichkeit.

Rainer Maria Rilke, deutscher Lyriker
geb. 4. Dezember 1875 in Prag; gest. 29. Dezember 1926 in Sanatorium Valmont bei Montreux, Schweiz, lebte 51 Jahre. (Zitat-Nr 790)

Nicht in der Blut und Purpurtraub
Ist heilige Kraft allein, es nährt
Das Leben vom Leide sich
Und trinkt, wie mein Held, doch auch
Am Todeskelche sich glücklich!

Johann C. F. Hölderlin, deutschen Lyriker
geb. 20. März 1770 in Lauffen am Neckar; gest. 7. Juni 1843 in Tübingen, lebte 73 Jahre. (Zitat-Nr 791)

Das gemeinsame Glück zweier Menschen ist nichts anderes als zwei kleine, nebeneinandergeritzte Striche in die Unendlichkeit.

Robert Musil, österreichischer Schriftsteller
geb. 6. November 1880 in Klagenfurt am Wörthersee; gest. 15. April 1942 in Genf, lebte 62 Jahre. (Zitat-Nr 792)

Wo die Religion steht, beginnt das Unendliche. Dem Unendlichen aber ist der endliche Mensch nicht gewachsen. Er schaut die ewigen Dingen im atembeschlagenen Silberspiegel. Wer vermag die Unendlichkeit zu begreifen.

Carl Sonnenschein, der Arbeiterschaft nahestehender katholischer Priester
geb. 15. Juli 1876 in Düsseldorf; gest. 20. Februar 1929 in Berlin, lebte 53 Jahre. (Zitat-Nr 793)

Wir müssen der Natur stückweise wiedergeben, was wir stückweise von ihr erhalten haben. Alles läßt uns die Gebrechlichkeit unserer Natur erkennen, wie wenig wir sind zu der Unendlichkeit, worin wir verschwinden werden.

Friedrich II. von Preußen, König von Preußen und Kurfürst von Brandenburg, der "Alte Fritz"
geb. 24. Januar 1712 in Berlin; gest. 17. August 1786 in Potsdam, lebte 74 Jahre. (Zitat-Nr 794)

In einem jeden Menschen gibt es zwei: den inneren und den äußeren. Es gibt so manche Menschen, die verzehren der Seele Kräfte allzumal für den äußeren Menschen. Das sind die Leute, die alle Sinne und Gedanken auf äußere und vergängliche Güter richten, die nichts vom inneren Menschen wissen. Das raubt der Seele die Kraft. Man muß aber auch wissen, daß der äußere Mensch gar wohl aktiv sein kann und dabei doch der innere frei und unbewegt zu sein vermag. Das ist wie bei einer Tür: Während sich das Türblatt, das unserem aktiven Teil entspricht, bewegt, so bleibt doch die Angel, in der die ganze Tür hängt, ruhig und wird nicht im Geringsten verändert. Die Angel, das ist der innere Mensch.

Meister Eckhart, spätmittelalterlicher Theologe und Philosoph
geb. um 1260, gest. 30. April 1328 in Avignon, lebte 68 Jahre. (Zitat-
Nr 795)

Ich glaube, dass wenn der Tod unsere Augen schließt, wir in einem Lichte stehen, von welchem unser Sonnenlicht nur der Schatten ist.

Arthur Schopenhauer, bedeutender deutscher Philosoph und Autor
geb. 22. Februar 1788 in Danzig; gest. 21. September 1860 in Frankfurt am Main, lebte 72 Jahre. (Zitat-Nr 796)

Der Tod ist, selbst wenn er uns auf immer das Bewußtsein raubt, ein köstlich Ding; ein traumloser fester Schlaf selbst ist den glücklichsten Lebenstagen vorzuziehen.

Sokrates, griechischer Philosoph
470 - 399 v. Chr., lebte 71 Jahre. (Zitat-Nr 797)

Essen und Trinken hält Leib und Seele zusammen.

Sokrates, griechischer Philosoph
470 - 399 v. Chr., lebte 71 Jahre. (Zitat-Nr 798)

Glücklich, wer sich Genüsse zu verschaffen weiß, ohne anderen zu schaden!

Giacomo Casanova, venezianischer Schriftsteller
geb. 2. April 1725 in Venedig; gest. 4. Juni 1798 auf Schloss Duchcov im Königreich Böhmen, lebte 73 Jahre. (Zitat-Nr 799)

Die Gaben der Natur und des Glücks sind nicht so selten wie die Kunst, sie zu genießen.

Luc de Clapiers, Marquis de Vauvenargues, französischer Schriftsteller und Philosoph
geb. 6. August 1715 in Aix-en-Provence; gest. 28. Mai 1747 in Paris, lebte 32 Jahre. (Zitat-Nr 800)

Man müßte die Liebe genießen, wie man Fisch ißt: Ohne die Gräten zu schlucken.

Alphonse Karr, französischer Schriftsteller und Journalist
geb. 24. November 1808 in Paris; gest. 29. September 1890 in Saint-Raphaël, lebte 82 Jahre. (Zitat-Nr 801)

Der Frohsinn macht uns zu Göttern, die Kasteiung zu Teufeln. Die Kasteiung ist eine Art Geiz, der die Menschen eines Glückes beraubt, dessen sie genießen könnten.

Friedrich II. von Preußen, König von Preußen und Kurfürst von Brandenburg, der "Alte Fritz"
geb. 24. Januar 1712 in Berlin; gest. 17. August 1786 in Potsdam, lebte 74 Jahre. (Zitat-Nr 802)

Auch das noch mußt du lernen, dankbar und froh den guten Augenblick genießen.

Friedrich Halm, österreichischer Dichter
geb. 2. April 1806 in Krakau; gest. 22. Mai 1871 in Wien, lebte 65 Jahre. (Zitat-Nr 803)

Genieß die Gegenwart mit frohem Sinn, sorglos, was dir die Zukunft bringen werde; doch nimm auch bittern Kelch mit Lächeln hin. Vollkommen ist kein Glück auf dieser Erde.

Horaz, römischer Dichter
geb. 65 v. Chr. in Venusia; gest. 27. November 8 v. Chr., lebte 57 Jahre. (Zitat-Nr 804)

Die besten Vergrößerungsgläser für die Freuden der Welt sind die, aus denen man trinkt.

Joachim Ringelnatz, deutscher Schriftsteller und Kabarettist
geb. 7. August 1883 in Wurzen; gest. 17. November 1934 in Berlin, lebte 51 Jahre. (Zitat-Nr 805)

Ein Mensch, dem niemand gefällt, ist viel unglücklicher als einer, der niemandem gefällt.

Blaise Pascal, französischer Mathematiker, Physiker, Philosoph. geb. 19. Juni 1623 in Clermont-Ferrand; gest. 19. August 1662 in Paris, lebte 39 Jahre. (Zitat-Nr 806)

Man sollte alle Tage wenigstens ein kleines Lied hören, ein gutes Gedicht lesen, ein treffliches Gemälde sehen, und wenn es möglich zu machen wäre, einige vernünftige Worte sprechen.

Johann Wolfgang von Goethe, der wohl größte deutsche Dichter geb. 28. August 1749 in Frankfurt am Main als Johann Wolfgang Goethe; gest. 22. März 1832 in Weimar, geadelt 1782, lebte 83 Jahre. (Zitat-Nr 807)

Sich selbst lieben

Wer über sich selbst, sein Dasein, sein Gewordensein, seine Menschheit, das Wunderwesen, das sich ihm in ihm selbst darstellt, nicht erstaunt, nicht zur Anbetung seines unsichtbaren Schöpfers und Vaters hingerissen und gleichsam außer sich selbst gesetzt wird – der scheint noch nicht zum Lichte gekommen zu sein.

Alexander Pope, englischer Dichter geb. 21. Mai 1688 in London; gest. 30. Mai 1744 in Twickenham, heute Teil Londons, lebte 56 Jahre. (Zitat-Nr 808)

Ist es gegen die Vernunft oder die Gerechtigkeit, sich selbst zu lieben? Warum wollen wir, daß die Eigenliebe immer ein Laster sei?

Luc de Clapiers, Marquis de Vauvenargues, französischer Schriftsteller und Philosoph
geb. 6. August 1715 in Aix-en-Provence; gest. 28. Mai 1747 in Paris, lebte 32 Jahre. (Zitat-Nr 809)

Der Empfindsame ist der Waffenlose unter lauter Bewaffneten.

Berthold Auerbach, deutscher Schriftsteller
geb. 28. Februar 1812 in Nordstetten (heute Ortsteil von Horb); gest. 8. Februar 1882 in Cannes, lebte 70 Jahre. (Zitat-Nr 810)

Wir mögen die Welt durchreisen, um das Schöne zu finden, aber wir müssen es in uns tragen, sonst finden wir es nicht.

Ralph Waldo Emerson, amerikanischer Philosoph und Schriftsteller
geb. 25. Mai 1803 in Boston, Massachusetts; gest. 27. April 1882 in Concord, Massachusetts, lebte 79 Jahre. (Zitat-Nr 811)

Der Mensch, der nur sich selbst liebt, hasst nichts so sehr, als mit sich selbst allein zu sein.

Blaise Pascal, französischer Mathematiker, Physiker, Philosoph.
geb. 19. Juni 1623 in Clermont-Ferrand; gest. 19. August 1662 in Paris, lebte 39 Jahre. (Zitat-Nr 812)

Eigenliebe ist der Beginn einer lebenslangen Romanze.

Oscar Wilde, irischer Schriftsteller
geb. 16. Oktober 1854 in Dublin; gest. 30. November 1900 in Paris,
lebte 46 Jahre. (Zitat-Nr 813)

Wer sich zum Wurm macht, kann nachher nicht klagen, wenn
er mit Füßen getreten wird.

Immanuel Kant, deutscher Philosoph
geb. 22. April 1724 in Königsberg, Preußen; gest. 12. Februar 1804 in
Königsberg, lebte 80 Jahre. (Zitat-Nr 814)

Verleiht mir, o Götter, schön zu sein im Innern, und das, was
ich Äußeres habe, dem Innern befreundet sei.

Sokrates, griechischer Philosoph
470 - 399 v. Chr., lebte 71 Jahre. (Zitat-Nr 815)

Sobald du dir vertraust, sobald weißt du zu leben.

Johann Wolfgang von Goethe, der wohl größte deutsche Dichter
geb. 28. August 1749 in Frankfurt am Main als Johann Wolfgang Goethe; gest. 22. März 1832 in Weimar, geadelt 1782, lebte 83 Jahre. (Zitat-Nr 816)

Die Liebe, die mich schuf, ist, was ich bin.

A course in miracles, spirituelles Werk von Helen Schucman
Helen Schucman geb. 14. Juli 1909 in New York City; gest. 9. Februar
1981, lebte 72 Jahre. (Zitat-Nr 817)

Freude sollte ein Kapital der Menschheit sein und ist leider so oft nur ein Almosen für den Menschen. Wohl dem, der sich einen unabhängigen unbekannten Sparpfennig davon sammelt.

Christian Bentzel-Sternau, deutscher Politiker und Schriftsteller geb. 9. April 1767 in Mainz; gest. 13. August 1849 Mariahalden/Zürichsee, Schweiz, lebte 82 Jahre. (Zitat-Nr 818)

Die Zeit ist kurz, wo wir die Rosen haben, Denn wie die Nachtigall oft plötzlich Abbricht, o so verstummt uns rasch das Leben, Und alle Freude wird zu stillem Leid.

Leopold Schefer, deutscher Dichter geb. 30. Juli 1784 in Muskau; gest. 16. Februar 1862 ebendort, lebte 78 Jahre. (Zitat-Nr 819)

Keine Freude ist auf Erden ganz,
Die Freude wird versalzen mit Leid,
Honig wird mit Gallen zubereit''t.

Georg Rollenhagen, deutscher Schriftsteller geb. 22. April 1542 in Bernau bei Berlin; gest. 20. Mai 1609 in Magdeburg, lebte 67 Jahre. (Zitat-Nr 820)

Glücklich ist nicht, wer andern so vorkommt, sondern wer sich selbst dafür hält.

Seneca, römischer Philosoph geb. etwa im Jahre 1 in Corduba; gest. 65 n. Chr. bei Rom, lebte 64 Jahre. (Zitat-Nr 821)

Des Lebens ungemischte Freude ward keinem Irdischen zuteil.

Friedrich von Schiller, deutscher Dichter und Philosoph
geb. 10. November 1759 in Marbach am Neckar, Württemberg; gest.
9. Mai 1805 in Weimar, Sachsen-Weimar, lebte 46 Jahre. (Zitat-Nr
822)

Ein jeder sieht, wie glücklich der ist, der dumm geboren und alles glaubt. Ehrgeiz stachelt ihn nicht, und Furcht lässt ihn ruhig, beide gewöhnlich der Same für Kummer und Schmerz.

Niccolo Macchiavelli, florentinischer Philosoph, Politiker und Dichter
geb. 3. Mai 1469 in Florenz, Republik Florenz; gest. 21. Juni 1527
ebendort, lebte 58 Jahre. (Zitat-Nr 823)

Bedenke, daß die menschlichen Verhältnisse insgesamt unbeständig sind, dann wirst du im Glück nicht zu fröhlich und im Unglück nicht zu traurig sein.

Sokrates, griechischer Philosoph
470 - 399 v. Chr., lebte 71 Jahre. (Zitat-Nr 824)

Sich glücklich fühlen können auch ohne Glück - das ist Glück.

Marie von Ebner-Eschenbach, mährisch-österreichische Schriftstellerin
geb. 13. September 1830 auf Schloss Zdislawitz bei Kremsier in Mähren; gest. 12. März 1916 in Wien, lebte 86 Jahre. (Zitat-Nr 825)

Wenn ein Mensch sagt: "Ich bin glücklich", so meint er einfach:
"Ich habe keine Sorgen, die mich berühren."

Jules Renard, französischer Schriftsteller
geb. 22. Februar 1864 in Châlons-du-Maine; gest. 22. Mai 1910 in Paris, lebte 46 Jahre. (Zitat-Nr 826)

Vielleicht kann man glücklich sein, wenn man es sein will. Und ich habe einmal gelesen, man könne das Glück lernen. Das hat mir gefallen.

Theodor Fontane, deutscher Schriftsteller
geb. 30. Dezember 1819 in Neuruppin; gest. 20. September 1898 in Berlin, lebte 79 Jahre. (Zitat-Nr 827)

Drückt euch ein Kummer, werft ihn frisch vom Herzen. Nehmt mit, was kommt; die Zeiten sind jetzt schwer; drum muss der Mensch die Freude leicht ergreifen, hier wird gefreit und anderswo begraben.

Friedrich von Schiller, deutscher Dichter und Philosoph
geb. 10. November 1759 in Marbach am Neckar, Württemberg; gest. 9. Mai 1805 in Weimar, Sachsen-Weimar, lebte 46 Jahre. (Zitat-Nr 828)

LASTERHAFT

Wir werden nicht für unsere Sünden bestraft, sondern durch sie.

Elbert Hubbard, amerikanischer Autor und Publizist
geb. 19. Juni 1856 in Bloomington, McLean County, Illinois; gest. 7. Mai 1915 im Atlantischen Ozean vor der irischen Küste (Angriff auf

das britische Passagierschiff Lusitania durch deutsche U-Boote), lebte
59 Jahre. (Zitat-Nr 829)

Die meisten Dinge, die uns Vergnügen bereiten, sind unvernünftige Dinge.

Charles de Montesquieu, französischer Schriftsteller und Philosoph
geb. 1689 bei Bordeaux; gest. 10. Februar 1755 in Paris, lebte 66
Jahre. (Zitat-Nr 830)

Die Narren reden am liebsten von der Weisheit, die Schurken von der Tugend.

Paul Ernst, deutscher Schriftsteller
geb. 7. März 1866 in Elbingerode (Harz); gest. 13. Mai 1933 in Sankt
Georgen an der Stiefing, Steiermark, lebte 67 Jahre. (Zitat-Nr 831)

Der Mensch möchte vor den Folgen seiner Laster bewahrt werden, aber nicht vor den Lastern selbst.

Oscar Wilde, irischer Schriftsteller
geb. 16. Oktober 1854 in Dublin; gest. 30. November 1900 in Paris,
lebte 46 Jahre. (Zitat-Nr 832)

Der Name ist heutzutage das einzige, welches die Menschen am Teufel nicht mögen.

Christian Friedrich Hebbel, deutscher Dramatiker
geb. 18. März 1813 in Wesselburen, Dithmarschen; gest. 13. Dezember 1863 in Wien, lebte 50 Jahre. (Zitat-Nr 833)

Die Laster sind untereinander näher verwandt als die Tugenden.

Marie von Ebner-Eschenbach, mährisch-österreichische Schriftstellerin
geb. 13. September 1830 auf Schloss Zdislawitz bei Kremsier in Mähren; gest. 12. März 1916 in Wien, lebte 86 Jahre. (Zitat-Nr 834)

Es ist doch ein elend mit uns Menschen! Täglich sprechen wir von Liebe und Humanität, und täglich beleidigen wir auf Wegen, Stegen und Treppen irgendein Mitgeschöpf.

Gottfried Keller, Schweizer Dichter und Politiker
geb. 19. Juli 1819 in Zürich; gest. 15. Juli 1890 in Zürich, lebte 71 Jahre. (Zitat-Nr 835)

Die Tugend will nicht immer passen, im ganzen lässt sie etwas kalt, und dass man eine unterlassen, vergisst man bald.

Wilhelm Busch, humoristischer Dichter und Zeichner
geb. 15. April 1832 in Wiedensahl; gest. 9. Januar 1908 in Mechtshausen, lebte 76 Jahre. (Zitat-Nr 836)

Viele Menschen sehen die Tugend mehr im Bereuen der Fehler als im Vermeiden.

Georg Christoph Lichtenberg, deutscher Mathematiker und Aphoristiker
geb. 1. Juli 1742 in Ober-Ramstadt bei Darmstadt; gest. 24. Februar 1799 in Göttingen, lebte 57 Jahre. (Zitat-Nr 837)

Man verachtet nicht alle, welche Laster haben, aber alle, die nicht eine einzige Tugend haben.

Francois de La Rochefoucauld, französischer Moralist und Literat
geb. 15. September 1613 in Paris; gest. 17. März 1680 ebendort, lebte 67 Jahre. (Zitat-Nr 838)

TUGENDSAM

Das, was wir ein böses Gewissen nennen, ist immer ein gutes Gewissen. Es ist das Gute, was sich in uns erhebt und uns bei uns selber verklagt.

Theodor Fontane, deutscher Schriftsteller
geb. 30. Dezember 1819 in Neuruppin; gest. 20. September 1898 in Berlin, lebte 79 Jahre. (Zitat-Nr 839)

Rechtes Handeln folgt dem rechten Denken.

Sokrates, griechischer Philosoph
470 - 399 v. Chr., lebte 71 Jahre. (Zitat-Nr 840)

Wo Tugend wohnt, und wär's am niedern Herd, wird ihre Heimat durch die Tat verklärt.

William Shakespeare, englischer Dramatiker
geb. 26. April 1564 in Stratford-upon-Avon; gest. 23. April 1616 in Stratford-upon-Avon, lebte 52 Jahre. (Zitat-Nr 841)

Wir sind verantwortlich für das, was wir tun, aber auch für das, was wir nicht tun.

Voltaire (François-Marie Arouet), französischer Philosoph und Schriftsteller
geb. 21. November 1694 in Paris; gest. 30. Mai 1778 ebendort, lebte 84 Jahre. (Zitat-Nr 842)

Alles, was gegen das Gewissen geschieht, ist Sünde.

Thomas von Aquin, Philosoph und Theologe
geb. 1225 in Italien; gest. 7. März 1274, lebte 49 Jahre. (Zitat-Nr 843)

Was einst Laster war, ist heute Sitte.

Seneca, römischer Philosoph
geb. etwa im Jahre 1 in Corduba; gest. 65 n. Chr. bei Rom, lebte 64 Jahre. (Zitat-Nr 844)

Man spricht selten von der Tugend, die man hat; aber desto öfter von der, die uns fehlt.

Gotthold Ephraim Lessing, Dichter der deutschen Aufklärung
geb. 22. Januar 1729 in Kamenz, Markgraftum Oberlausitz; gest. 15. Februar 1781 in Braunschweig, lebte 52 Jahre. (Zitat-Nr 845)

Die größten Tugenden müssen diejenigen sein, welche den Nebenmenschen am nützlichsten sind.

Aristoteles, griechischer Philosoph
geb. 384 v. Chr; gest. 322 v. Chr, lebte 62 Jahre. (Zitat-Nr 846)

Jedwede Tugend ist fleckenfrei - bis auf den Augenblick der
Probe.

Friedrich von Schiller, deutscher Dichter und Philosoph
geb. 10. November 1759 in Marbach am Neckar, Württemberg; gest.
9. Mai 1805 in Weimar, Sachsen-Weimar, lebte 46 Jahre. (Zitat-Nr
847)

Gutsein ist ein weit gewaltigeres und kühneres Abenteuer als
eine Weltumseglung.

Gilbert Keith Chesterton, englischer Schriftsteller
geb. 29. Mai 1874 im Londoner Stadtteil Kensington; gest. 14. Juni
1936 in Beaconsfield, lebte 62 Jahre. (Zitat-Nr 848)

Das wahre Glück ist: Gutes zu tun.

Sokrates, griechischer Philosoph
470 - 399 v. Chr., lebte 71 Jahre. (Zitat-Nr 849)

Tugenden sind meist nur verkleidete Laster.

Francois de La Rochefoucauld, französischer Moralist und Literat
geb. 15. September 1613 in Paris; gest. 17. März 1680 ebendort, lebte
67 Jahre. (Zitat-Nr 850)

Was die Tugend eines Menschen vermag, darf nicht nach seinen Anstrengungen gemessen werden, sondern nach seinem
gewöhnlichen Verhalten.

Blaise Pascal, französischer Mathematiker, Physiker, Philosoph.
geb. 19. Juni 1623 in Clermont-Ferrand; gest. 19. August 1662 in Paris,
lebte 39 Jahre. (Zitat-Nr 851)

Ich bin das Licht der Welt.

A course in miracles, spirituelles Werk von Helen Schucman
Helen Schucman geb. 14. Juli 1909 in New York City; gest. 9. Februar
1981, lebte 72 Jahre. (Zitat-Nr 852)

Wofür leben wir, wenn nicht, um uns gegenseitig das Leben zu
erleichtern?

George Eliot, englische Schriftstellerin (eigtl. Mary Anne Evans)
geb. 22. November 1819 in Nuneaton, Grafschaft Warwickshire; gest.
22. Dezember 1880 in London, lebte 61 Jahre. (Zitat-Nr 853)

HOFFNUNG

Wann willst, Freund, du Glauben beweisen, wenn nicht in der
Trübsal; Hoffnung wann auf Gott, wenn nicht in der dunkels-
ten Stunde?

Johann Kaspar Lavater, Schweizer Schriftsteller und Philosoph
geb. 15. November 1741 in Zürich; gest. 2. Januar 1801 ebendort,
lebte 60 Jahre. (Zitat-Nr 854)

Die Zukunft ist voller Aufgaben und Hoffnungen.

Nathaniel Hawthorne, amerikanischer Schriftsteller
geb. 4. Juli 1804 in Salem, Massachusetts; gest. 19. Mai 1864 in Ply-
mouth, New Hampshire, lebte 60 Jahre. (Zitat-Nr 855)

Wehklagen, Tränen, Hoffnungslosigkeit, all das zerrinnt wie eine Handvoll Sand. Wartet, haltet ein wenig inne, gar bald wird alles verflogen sein.

Gustave Flaubert, französischer Schriftsteller
geb. 12. Dezember 1821 in Rouen, Haute-Normandie; gest. 8. Mai 1880 in Canteleu, Haute-Normandie, lebte 59 Jahre. (Zitat-Nr 856)

Gegen die schlechte Stimmung: Mit der Hoffnung zu reisen ist besser, als das Ziel zu erreichen.

Robert L. Stevenson, schottischer Schriftsteller
geb. 13. November 1850 in Edinburgh; gest. 3. Dezember 1894 in Vailima, nahe Apia, Samoa, lebte 44 Jahre. (Zitat-Nr 857)

Darf eine einzige fehlgeschlagene Hoffnung uns gegen die Welt so unversöhnlich machen?

Gotthold Ephraim Lessing, Dichter der deutschen Aufklärung
geb. 22. Januar 1729 in Kamenz, Markgraftum Oberlausitz; gest. 15. Februar 1781 in Braunschweig, lebte 52 Jahre. (Zitat-Nr 858)

Die Hoffnung ist eine Form von Glück und vielleicht sogar das größte Glück, das diese Welt zu bieten hat.

Samuel Johnson, englischer Gelehrter und Schriftsteller
geb. 18. September 1709 in Lichfield; gest. 13. Dezember 1784 in London, lebte 75 Jahre. (Zitat-Nr 859)

Hoffnung: die Verquickung von Wunsch und Erwartung.

Ambrose Bierce, amerikanischer Schriftsteller
geb. 24. Juni 1842; gest. 1914 in Mexiko, lebte 72 Jahre. (Zitat-Nr 860)

Wenn jede Hoffnung ganze Erfüllung fände, so würde niemand
mehr hoffen, und das sogenannte ›Glück‹, wäre eine trübse-
lige Selbstverständlichkeit.

Otto Ernst, deutscher Schriftsteller
geb. 7. Oktober 1862 bei Hamburg; gest. 5. März 1926 bei Hamburg,
lebte 64 Jahre. (Zitat-Nr 861)

Ohne Glauben und Liebe, was ist die Hoffnung und – Gott!
was?

Johann Kaspar Lavater, Schweizer Schriftsteller und Philosoph
geb. 15. November 1741 in Zürich; gest. 2. Januar 1801 ebendort,
lebte 60 Jahre. (Zitat-Nr 862)

Die Hoffnung ist ein Vorschuß auf das zukünftige Glück.

Antoine de Rivarol, französischer Schriftsteller
geb. 26. Juni 1753 in Bagnols-sur-Cèze; gest. 13. April 1801 in Berlin,
lebte 48 Jahre. (Zitat-Nr 863)

Ich glaube, mein Glück besteht in der Hoffnung auf das Erfüllt-
werden meiner Wünsche.

Paula Modersohn, deutsche expressionistische Malerin
geb. 8. Februar 1876 in Dresden; gest. 20. November 1907 in
Worpswede, lebte 31 Jahre. (Zitat-Nr 864)

Eine Veränderung bewirkt stets eine weitere Veränderung.

Niccolo Macchiavelli, florentinischer Philosoph, Politiker und Dichter
geb. 3. Mai 1469 in Florenz, Republik Florenz; gest. 21. Juni 1527
ebendort, lebte 58 Jahre. (Zitat-Nr 865)

Die besten Entdeckungsreisen macht man nicht in fremden
Ländern, sondern indem man die Welt mit neuen Augen be-
trachtet.

Marcel Proust, französischer Schriftsteller
geb. 10. Juli 1871 in Paris; gest. 18. November 1922 ebendort, lebte
51 Jahre. (Zitat-Nr 866)

Ich sehe in der Weltgeschichte das Bild einer ewigen Gestal-
tung und Umgestaltung, eines wunderbaren Werdens und Ver-
gehens organischer Formen. Der zünftige Historiker aber sieht
sie in der Gestalt eines Bandwurms, der unermüdlich Epochen
‚ansetzt'.

Oswald Spengler, politischer Schriftsteller
geb. 29. Mai 1880 in Blankenburg am Harz; gest. 8. Mai 1936 in München, lebte 56 Jahre. (Zitat-Nr 867)

Die Seel'' ist ein ew''ger Geist, ist über alle Zeit: Sie lebt auch in
der Welt schon der Ewigkeit.

Angelus Silesius, deutscher Arzt, Theologe und Lyriker
getauft 25. Dezember 1624 in Breslau; gest. 9. Juli 1677 ebendort,
lebte 53 Jahre. (Zitat-Nr 868)

Die einst Gespielen waren, die sind nun träg und alt,
Umbrochen ist das Feld und ausgehaun der Wald.
Wenn nicht das Wasser flösse, so wie es einstens floß,
Fürwahr, ich dächt'' es wäre das Unglück gar zu groß.
Mich grüßet mancher träge, der einst mich kannte wohl.
Die Welt ist allenthalben der Trübsal übervoll;
Nun ich gedenk an manchen gar wonniglichen Tag,
Zerflossen sind sie alle, wie in das Meer ein Schlag!

Walther von der Vogelweide, deutscher Dichter
geb. um 1170, Geburtsort unbekannt; gest. um 1230, möglicherweise
in Würzburg, lebte 60 Jahre. (Zitat-Nr 869)

Leben ist Veränderung. Dieser Veränderung zu widerstehen,
wirkt dem Lebensfluß mehr entgegen, als sich ihr zu ergeben.
Die Essenz des Lebens ist dessen Verlauf: Die Ereignisse, Bedingungen und Erfahrungen, die uns formen und zeitweise auch
aus der Bahn werfen.

Samuel Taylor Coleridge, englischer Dichter und Philosoph
geb. 21. Oktober 1772 in Ottery St Mary, Devon; gest. 25. Juli 1834 in
Highgate, London, lebte 62 Jahre. (Zitat-Nr 870)

Die Weltordnung ist Veränderung, das Leben persönliche
Wahrnehmung.

Demokrit, antiker griechischer Philosoph
geb. 459 v. Chr; gestorben 371 v. Chr., lebte 88 Jahre. (Zitat-Nr 871)

Man kann gar nicht oft genug im Leben das Gefühl des Anfangs
in sich aufwecken, es ist so wenig äußere Veränderung dafür
nötig, denn wir verändern ja die Welt von unserem Herzen
aus, will dieses nur neu und unermeßlich sein, so ist sie sofort
wie am Tage ihrer Schöpfung und unendlich.

Rainer Maria Rilke, deutscher Lyriker
geb. 4. Dezember 1875 in Prag; gest. 29. Dezember 1926 in Sanatorium Valmont bei Montreux, Schweiz, lebte 51 Jahre. (Zitat-Nr 872)

Veränderte Welt

Die Menschheit ist dahinter kommen,
Trotz aller Gaukelei der Frommen,
Daß mit dem Leben vor dem Grabe
Man endlich Ernst zu machen habe.

Zerbrochen ist des Wahnes Kette,
Die Erde sei nur Übungsstätte,
Nur Voltigierbock sei das Leben,
Aufs Roß werd uns der Himmel heben.

Auf freiem grünem Erdengrunde
Wird jeder bald schon hier, zur Stunde,
Bevor das Grab ihn deckt mit Schollen,
Sein Rößlein weiden, tummeln wollen.

Nikolaus Lenau, österreichischer Schriftsteller
geb. 13. August 1802 im Königreich Ungarn; gest. 22. August 1850 in
Oberdöbling, lebte 48 Jahre. (Zitat-Nr 873)

Aber jedes Glücksschloß, das sich erhebt, hat in dem Grunde, auf dem es ruht, Sand, und der Sand sammelt sich und rinnt unter den Mauern fort, langsam vielleicht, unmerklich, aber er rinnt und rinnt, Korn auf Korn. Und die Liebe? Auch sie ist kein Fels, wie gern wir es auch glauben möchten.

Jens Peter Jacobsen, dänischer Schriftsteller
geb. 7. April 1847 in Thisted; gest. 30. April 1885 ebendort, lebte 38 Jahre. (Zitat-Nr 874)

AUSGEWOGENHEIT

GESUNDHEIT

Die Gesundheit ist auf Erden das einzig Wahre.

Friedrich II. von Preußen, König von Preußen und Kurfürst von Brandenburg, der "Alte Fritz"
geb. 24. Januar 1712 in Berlin; gest. 17. August 1786 in Potsdam,
lebte 74 Jahre. (Zitat-Nr 875)

Schone sorglich deine Gesundheit. Traurige und mit Zwang
verbundene Beschäftigungen drücken den Menschen unmerklich zu Boden. Überdruß und mühsame Unterwürfigkeit unter-
graben heimlich die Gesundheit. Man muß sich abspannen
und erheitern.

Francois Fenelon, französischer Erzbischof und Schriftsteller
geb. 6. August 1651 auf Schloss Fénelon im Périgord; gest. 7. Januar
1715 in Cambrai, lebte 64 Jahre. (Zitat-Nr 876)

Alles Gesunde ist milden Gemütes.

Giacomo Casanova, venezianischer Schriftsteller
geb. 2. April 1725 in Venedig; gest. 4. Juni 1798 auf Schloss Duchcov
im Königreich Böhmen, lebte 73 Jahre. (Zitat-Nr 877)

Freude, Mäßigkeit und Ruh' schließen dem Arzt die Türe zu.

Friedrich Freiherr von Logau, deutscher Dichter
geb. Januar 1605 in Nimptsch, Schlesien; gest. 24. Juli 1655 in Liegnitz, lebte 50 Jahre. (Zitat-Nr 878)

Wenn ein Arzt hinter dem Sarg eines Patienten geht, folgt
manchmal tatsächlich die Ursache der Wirkung.

Voltaire (François-Marie Arouet), französischer Philosoph und
Schriftsteller
geb. 21. November 1694 in Paris; gest. 30. Mai 1778 ebendort, lebte
84 Jahre. (Zitat-Nr 879)

Ich bin nicht sehr krank, ich kann noch darüber reden.

William Shakespeare, englischer Dramatiker
geb. 26. April 1564 in Stratford-upon-Avon; gest. 23. April 1616 in
Stratford-upon-Avon, lebte 52 Jahre. (Zitat-Nr 880)

Eingebildete Übel gehören zu den unheilbaren.

Marie von Ebner-Eschenbach, mährisch-österreichische Schriftstellerin
geb. 13. September 1830 auf Schloss Zdislawitz bei Kremsier in Mähren; gest. 12. März 1916 in Wien, lebte 86 Jahre. (Zitat-Nr 881)

Ich glaube, dass es im Krankenbette oft besser zugeht als am ersten Platz der königlichen Tafel. Ich habe wenigstens in einer kleinen Kammer als Kranker im Bette zuweilen Augenblicke gehabt, die ich den glücklichsten meines übrigen Lebens ohne Scheu gleichsetze.

Georg Christoph Lichtenberg, deutscher Mathematiker und Aphoristiker
geb. 1. Juli 1742 in Ober-Ramstadt bei Darmstadt; gest. 24. Februar 1799 in Göttingen, lebte 57 Jahre. (Zitat-Nr 882)

Die größte Behinderung des Lebens liegt darin, ständig auf die Gesundheit zu achten.

Platon, antiker griechischer Philosoph
geb. 427 v. Chr; gest. 347 v. Chr. in Athen, lebte 80 Jahre. (Zitat-Nr 883)

Krankheit kommt zu Pferde und geht zu Fuß weg.

Johann Gottfried Seume, deutscher Schriftsteller
geb. 29. Januar 1763 in Poserna, Kursachsen; gest. 13. Juni 1810 in Teplitz, Böhmen, lebte 47 Jahre. (Zitat-Nr 884)

AN SICH SELBST ARBEITEN

Man urteilt über andere nicht so falsch wie über sich selbst.

Luc de Clapiers, Marquis de Vauvenargues, französischer Schriftsteller und Philosoph
geb. 6. August 1715 in Aix-en-Provence; gest. 28. Mai 1747 in Paris, lebte 32 Jahre. (Zitat-Nr 885)

Aber es kommt vor, dass tugendlose, aber von sich selbst eingenommene Menschen andern tugendhaften ihre Fehler vorwerfen, weil ihnen selbst diese Tugenden fehlen.

Mahâbhârata, indisches Epos
Entstehung zwischen 400 v. Chr. und 400 n.Chr. (Zitat-Nr 886)

Sich selbst darf man nicht für so göttlich halten, daß man seine eigenen Werke nicht gelegentlich verbessern könnte.

Ludwig van Beethoven, deutscher Komponist
geb. 17. Dezember 1770 in Bonn, Kurköln; gest. 26. März 1827 in Wien, Kaisertum Österreich, lebte 57 Jahre. (Zitat-Nr 887)

Die Kraft, sich selbst zu erkennen und über das Sichselbst zu erstaunen, verbürgt dem Nachdenkenden seine Würde, seine höhere Abkunft, seine himmlische Natur, seine Unsterblichkeit.

Johann Kaspar Lavater, Schweizer Schriftsteller und Philosoph
geb. 15. November 1741 in Zürich; gest. 2. Januar 1801 ebendort, lebte 60 Jahre. (Zitat-Nr 888)

Erziehung gibt dem Menschen nichts, was er nicht auch aus sich selbst haben könnte, nur geschwinder und leichter.

Gotthold Ephraim Lessing, Dichter der deutschen Aufklärung
geb. 22. Januar 1729 in Kamenz, Markgraftum Oberlausitz; gest. 15. Februar 1781 in Braunschweig, lebte 52 Jahre. (Zitat-Nr 889)

Wer schlägt den Löwen, wer schlägt den Riesen, Wer überwindet jenen und diesen? Das ist der, der sich selbsten bezwingt.

Washington Irving, amerikanischer Schriftsteller
geb. 3. April 1783 in New York; gest. 28. November 1859 in Sunnyside, Tarrytown, lebte 76 Jahre. (Zitat-Nr 890)

Ich habe auch, wenn man andere gut machen will, keinen andern Rat, als dass man erst selbst gut sei.

Matthias Claudius, deutscher Dichter und Journalist
geb. 15. August 1740 in Reinfeld (Holstein); gest. 21. Januar 1815 in Hamburg, lebte 75 Jahre. (Zitat-Nr 891)

Umändern kann sich niemand, bessern kann sich jeder.

Ernst Freiherr von Feuchtersleben, österreichischer Philosoph, Arzt und Lyriker
geb. 29. April 1806 in Wien; gest. 3. September 1849 ebendort, lebte 43 Jahre. (Zitat-Nr 892)

Leben ist die Lust zu schaffen.

Carl Spitzweg, deutscher Maler
geb. 5. Februar 1808 in Unterpfaffenhofen; gest. 23. September 1885 in München, lebte 77 Jahre. (Zitat-Nr 893)

Alle guten Grundsätze sind in der Welt vorhanden, man braucht sie nur anzuwenden.

Blaise Pascal, französischer Mathematiker, Physiker, Philosoph.
geb. 19. Juni 1623 in Clermont-Ferrand; gest. 19. August 1662 in Paris, lebte 39 Jahre. (Zitat-Nr 894)

Handle so, dass der Beweggrund deines Willens jederzeit zugleich als Grundsatz einer allgemeinen Gesetzgebung gelten könnte.

Immanuel Kant, deutscher Philosoph
geb. 22. April 1724 in Königsberg, Preußen; gest. 12. Februar 1804 in Königsberg, lebte 80 Jahre. (Zitat-Nr 895)

FRIEDEN UND KAMPF

Willst du der Menschheit Lagen kennen?
Ein kurzer Reim kann sie dir alle nennen;
Sie heißen: Leiden, Tragen, Missen,
Und Ruh''n und Wirken und Genießen.

Johann Kaspar Lavater, Schweizer Schriftsteller und Philosoph
geb. 15. November 1741 in Zürich; gest. 2. Januar 1801 ebendort, lebte 60 Jahre. (Zitat-Nr 896)

Man muß lachen und weinen, lieben, arbeiten, genießen und leiden, soviel wie möglich nach dem Maße seiner Fähigkeit in Schwingung sein. Das ist das wahrhaft Menschliche.

Gustave Flaubert, französischer Schriftsteller
geb. 12. Dezember 1821 in Rouen, Haute-Normandie; gest. 8. Mai 1880 in Canteleu, Haute-Normandie, lebte 59 Jahre. (Zitat-Nr 897)

Bewahre den Frieden zuerst in dir selbst, dann kannst du auch anderen Frieden bringen.

Thomas von Kempen, Mystiker und Schriftsteller
geb. um 1380 in Kempen; gest. 25. Juli 1471, lebte 91 Jahre. (Zitat-Nr 898)

Der ewige Friede passt als Aufschrift über Kirchhofspforten;
denn nur die Toten schlagen sich nicht mehr.

Gottfried Wilhelm von Leibniz, deutscher Philosoph, Mathematiker
geb. 21. Juni 1646 in Leipzig; gest. 14. November 1716 in Hannover,
lebte 70 Jahre. (Zitat-Nr 899)

Nur im Guten wohnt der Friede.

Zarathustra, legendärer altiranischer Priester und Reformator
zweites oder erstes Jahrtausend v. Chr. (Zitat-Nr 900)

Frieden kannst du nur haben wenn du ihn gibst.

Marie von Ebner-Eschenbach, mährisch-österreichische Schriftstellerin
geb. 13. September 1830 auf Schloss Zdislawitz bei Kremsier in Mähren; gest. 12. März 1916 in Wien, lebte 86 Jahre. (Zitat-Nr 901)

Gemeinsame Erinnnerungen sind manchmal die besten Frie-
densstifter.

Marcel Proust, französischer Schriftsteller
geb. 10. Juli 1871 in Paris; gest. 18. November 1922 ebendort, lebte
51 Jahre. (Zitat-Nr 902)

Es gibt keinen Frieden außer dem Frieden Gottes.

A course in miracles, spirituelles Werk von Helen Schucman
Helen Schucman geb. 14. Juli 1909 in New York City; gest. 9. Februar
1981, lebte 72 Jahre. (Zitat-Nr 903)

Die größten Ereignisse, das sind nicht unsere lautesten, sondern unsere stillsten Stunden.

Friedrich Nietzsche, deutscher klassischer Philologe und Philosoph
geb. 15. Oktober 1844 in Röcken; gest. 25. August 1900 in Weimar,
lebte 56 Jahre. (Zitat-Nr 904)

Friede ist nicht Abwesenheit von Krieg. Friede ist eine Tugend,
eine Geisteshaltung, eine Neigung zu Güte, Vertrauen, Gerechtigkeit.

Baruch de Spinoza, niederländischer Philosoph
geboren am 24. November 1632 in Amsterdam; gestorben am 21.
Februar 1677 in Den Haag, lebte 45 Jahre. (Zitat-Nr 905)

KREATIVITÄT

Kunst ist die Schöpfung parallel zur Natur.

Paul Cézanne, französischer Maler
geb. 19. Januar 1839 in Aix-en-Provence; gest. 22. Oktober 1906
ebendort, lebte 67 Jahre. (Zitat-Nr 906)

Die Gedanken sind frei und unterliegen keinen Gesetzen. In
ihnen findet man die Freiheit des Menschen. Sie herrschen
strahlend in der Welt … erschaffen ein neues Paradies, eine
neue Stütze, eine neue Quelle der Kraft, aus der neue Künste
hervorspringen.

**Paracelsus, auch Philippus Theophrastus Aureolus Bombastus von
Hohenheim,** Arzt, Mystiker und Philosoph
1493 im Schweizer Kanton Schwyz; gest. 24. September 1541 in Salzburg), lebte 48 Jahre. (Zitat-Nr 907)

Für dich, armer Beethoven, gibt es kein Glück von außen, du mußt dir alles in dir selbst erschaffen, nur in der idealen Welt findest du Freunde.

Ludwig van Beethoven, deutscher Komponist
geb. 17. Dezember 1770 in Bonn, Kurköln; gest. 26. März 1827 in Wien, Kaisertum Österreich, lebte 57 Jahre. (Zitat-Nr 908)

Wirken, Schöpfer sein des Guten, oder auch des Schönen, das, o Mensch, ist, "Gott gefallen, ist Verdienst".

Johann W. L. Gleim, deutscher Dichter der Aufklärung
geb. 2. April 1719 in Ermsleben; gest. 18. Februar 1803 in Halberstadt, lebte 84 Jahre. (Zitat-Nr 909)

Nur die Künstler verderben die Kunst.

Franz Grillparzer, österreichischer Schriftsteller und Dramatiker
geb. 15. Januar 1791 in Wien; gest. 21. Januar 1872 ebendort, lebte 81 Jahre. (Zitat-Nr 910)

Wo der Geldsack daheim ist, ist die Kunst verreiset.

Friedrich Freiherr von Logau, deutscher Dichter
geb. Januar 1605 in Nimptsch, Schlesien; gest. 24. Juli 1655 in Liegnitz, lebte 50 Jahre. (Zitat-Nr 911)

Niemand ist so beflissen, immer neue Eindrücke zu sammeln, als derjenige, der die alten nicht zu verarbeiten versteht.

Marie von Ebner-Eschenbach, mährisch-österreichische Schriftstellerin
geb. 13. September 1830 auf Schloss Zdislawitz bei Kremsier in Mähren; gest. 12. März 1916 in Wien, lebte 86 Jahre. (Zitat-Nr 912)

Das Zeugnis, einige Wahrheiten entdeckt und einige Irrtümer
zerstört zu haben, ist nach meiner Meinung die schönste Tro-
phäe, welche die Nachwelt zum Ruhme eines großen Mannes
errichten kann.

Friedrich II. von Preußen, König von Preußen und Kurfürst von Brandenburg, der "Alte Fritz"
geb. 24. Januar 1712 in Berlin; gest. 17. August 1786 in Potsdam,
lebte 74 Jahre. (Zitat-Nr 913)

Wie nah wohl zuweilen unsere Gedanken an einer großen Ent-
deckung hinstreichen mögen?

Georg Christoph Lichtenberg, deutscher Mathematiker und Aphoristiker
geb. 1. Juli 1742 in Ober-Ramstadt bei Darmstadt; gest. 24. Februar
1799 in Göttingen, lebte 57 Jahre. (Zitat-Nr 914)

Eine Kunst, die sich über die von Mir bezeichneten Gesetze
und Schranken hinwegsetzt, ist keine Kunst mehr.

Horaz, römischer Dichter
geb. 65 v. Chr. in Venusia; gest. 27. November 8 v. Chr., lebte 57
Jahre. (Zitat-Nr 915)

<u>TRAURIGKEIT</u>

Wer des Feuers genießen will, muß sich den Rauch gefallen lassen.

Johann Gottfried von Herder, deutscher Dichter und Theologe
geb. 25. August 1744 in Mohrungen, Königreich Preußen; gest. 18. Dezember 1803 in Weimar, Herzogtum Sachsen-Weimar-Eisenach, lebte 59 Jahre. (Zitat-Nr 916)

Ich liebe den Herbst; seine Traurigkeit stimmt gut zu Erinnerungen. Wenn die Bäume entlaubt sind, wenn der Abendhimmel noch in den tiefroten Farben glüht, die einen goldigen Schein über das Heu werfen, dann sieht man mit Entzücken alles verlöschen, was jüngst noch im Herzen brannte.

Gustave Flaubert, französischer Schriftsteller
geb. 12. Dezember 1821 in Rouen, Haute-Normandie; gest. 8. Mai 1880 in Canteleu, Haute-Normandie, lebte 59 Jahre. (Zitat-Nr 917)

Wäre es uns möglich, weiter zu sehen, als unser Wissen reicht, vielleicht würden wir dann unsere Traurigkeiten mit größerem Vertrauen ertragen als unsere Freuden.

Rainer Maria Rilke, deutscher Lyriker
geb. 4. Dezember 1875 in Prag; gest. 29. Dezember 1926 in Sanatorium Valmont bei Montreux, Schweiz, lebte 51 Jahre. (Zitat-Nr 918)

Ich habe zu meinen zahlreichen unglücklichen Lieben noch eine neue hinzubekommen – den Schnee! Er erfüllt mich mit Enthusiasmus, mit Melancholie. Ich will ihn zu nichts Praktischem benützen, wie Schneegleiten, Rodeln, Bobfahren; ich will ihn betrachten, betrachten, betrachten, ihn mit meinen Augen stundenlang in meine Seele hineintrinken, mich durch ihn und vermittelst seiner aus der dummen, realen Welt hinwegflüchten in das so genannte "weiße und enttäuschungslose Zauberreich"! Jeder Baum, jeder Strauch wird durch ihn zu einer selbstständigen Persönlichkeit, während im Sommer ein allgemeines Grün entsteht, das die Persönlichkeit der Bäume und Sträucher verwischt. Ich liebe den Schnee auf den Spitzen der hölzernen Gartenzäune, auf den eisernen Straßengeländern, auf den Rauchfangen, kurz überall da am meisten, wo er für die Menschen unbrauchbar und gleichgültig ist. Ich liebe ihn, wenn die Bäume ihn abschütteln wie eine unerträglich gewordene Last, ich liebe ihn, wenn der graue Sturm ihn nur ins Gesicht nadelt und staubt und spritzt. Ich liebe ihn, wenn er in sonnigen Waldlachen zerrinnt, ich liebe ihn, wenn er pulverig wird vor Kälte wie Streuzucker. Er befriedigt mich nicht, ich will ihn nicht benützen zu Zwecken der süßen Ermüdung und Erlösung, ich will nicht kreischen und jauchzen durch ihn, ich will ihn anstarren in ewiger Liebe, in Melancholie und Begeisterung.

Peter Altenberg, österreichischer Schriftsteller geb. 9. März 1859 in Wien; gest. 8. Januar 1919 ebendort, lebte 60 Jahre. (Zitat-Nr 919)

An die Melancholie

Du geleitest mich durchs Leben,
Sinnende Melancholie!
Mag mein Stern sich strahlend heben,
Mag er sinken – weichest nie!

Führst mich oft in Felsenklüfte,
Wo der Adler einsam haust,
Tannen starren in die Lüfte
Und der Waldstrom donnernd braust.

Meiner Toten dann gedenk ich,
Wild hervor die Träne bricht,
Und an deinen Busen senk ich
Mein umnachtet Angesicht.

Nikolaus Lenau, österreichischer Schriftsteller
geb. 13. August 1802 im Königreich Ungarn; gest. 22. August 1850 in
Oberdöbling, lebte 48 Jahre. (Zitat-Nr 920)

Statt mich in Verzweiflung gehen zu lassen, habe ich mich für
die tätige Melancholie entschieden, insofern Tätigkeit in meiner Macht stand, oder, mit anderen Worten, ich habe die Melancholie, die hofft und strebt und sucht, einer Melancholie
vorgezogen, die trübsinnig und tatenlos verzweifelt.

Vincent van Gogh, niederländischer Maler
geb. 30. März 1853 in Groot-Zundert; gest. 29. Juli 1890 in Auvers-
sur-Oise, lebte 37 Jahre. (Zitat-Nr 921)

Wahre Ruhe ist nicht Mangel an Bewegung. Sie ist Gleichgewicht der Bewegung.

Ernst Freiherr von Feuchtersleben, österreichischer Philosoph, Arzt
und Lyriker
geb. 29. April 1806 in Wien; gest. 3. September 1849 ebendort, lebte
43 Jahre. (Zitat-Nr 922)

Wenn du weinen kannst, so danke Gott!

Johann Wolfgang von Goethe, der wohl größte deutsche Dichter
geb. 28. August 1749 in Frankfurt am Main als Johann Wolfgang Goethe; gest. 22. März 1832 in Weimar, geadelt 1782, lebte 83 Jahre. (Zitat-Nr 923)

Melancholie ist das Vergnügen, traurig zu sein.

Victor Hugo, französischer Schriftsteller
geb. 26. Februar 1802 in Besançon; gest. 22. Mai 1885 in Paris, lebte
83 Jahre. (Zitat-Nr 924)

Schmerz, der nicht spricht, erstickt das volle Herz und macht
es brechen.

William Shakespeare, englischer Dramatiker
geb. 26. April 1564 in Stratford-upon-Avon; gest. 23. April 1616 in
Stratford-upon-Avon, lebte 52 Jahre. (Zitat-Nr 925)

Der Unglückliche braucht Tätigkeit wie der Glückliche Ruhe.

Jean Paul, deutscher Schriftsteller
geb. 21. März 1763 in Wunsiedel; gest. 14. November 1825 in Bayreuth, lebte 62 Jahre. (Zitat-Nr 926)

Die Menschen glauben, nur dann ihren Besitz sicher zu haben, wenn sie von anderen etwas hinzuerwerben.

Niccolo Macchiavelli, florentinischer Philosoph, Politiker und Dichter
geb. 3. Mai 1469 in Florenz, Republik Florenz; gest. 21. Juni 1527 ebendort, lebte 58 Jahre. (Zitat-Nr 927)

Die Lieblinge des Glücks und des Reichtums nennen wir unglücklich und können uns trotzdem nicht von unserem Ehrgeiz befreien.

Luc de Clapiers, Marquis de Vauvenargues, französischer Schriftsteller und Philosoph
geb. 6. August 1715 in Aix-en-Provence; gest. 28. Mai 1747 in Paris, lebte 32 Jahre. (Zitat-Nr 928)

Armut ist eine Sandbank, Reichtum ein Felsen im Meer des Lebens. Die Glücklichen schiffen hindurch.

Ludwig Börne, deutscher Journalist und Literaturkritiker
geb. 6. Mai 1786 im jüdischen Ghetto von Frankfurt am Main als Juda Löb Baruch; gest. 12. Februar 1837 in Paris, lebte 51 Jahre. (Zitat-Nr 929)

Ob glücklich oder unglücklich, das Leben ist der einzige Schatz, den der Mensch besitzt; und wer es nicht liebt, ist seiner nicht wert.

Giacomo Casanova, venezianischer Schriftsteller
geb. 2. April 1725 in Venedig; gest. 4. Juni 1798 auf Schloss Duchcov im Königreich Böhmen, lebte 73 Jahre. (Zitat-Nr 930)

Nicht der Besitz, nur das Enthüllen,
Das leise Finden nur ist süß.

Christoph August Tiedge, deutscher Dichter und Autor
geb. 14. Dezember 1752 in Gardelegen; gest. 8. März 1841 in Dresden, lebte 89 Jahre. (Zitat-Nr 931)

Was man nicht zu verlieren fürchtet, hat man zu besitzen nie geglaubt, und nie gewünscht.

Gotthold Ephraim Lessing, Dichter der deutschen Aufklärung
geb. 22. Januar 1729 in Kamenz, Markgraftum Oberlausitz; gest. 15. Februar 1781 in Braunschweig, lebte 52 Jahre. (Zitat-Nr 932)

Reichtum ist das geringste Ding auf Erden und die allerkleinste Gabe, die Gott einem Menschen geben kann - darum gibt unser Herrgott gemeiniglich Reichtum den groben Eseln, denen er sonst nichts gönnt.

Martin Luther, theologischer Begründer der Reformation
geb. 10. November 1483 in Eisleben, Grafschaft Mansfeld; gest. 18. Februar 1546 ebendort, lebte 63 Jahre. (Zitat-Nr 933)

Ein Merkmal für die Entartung unserer Welt ist, dass sich die Menschen ihres Reichtums nicht schämen, sondern rühmen.

Leo Tolstoi, russischer Dichter
geb. 1828; gest. 1910, lebte 82 Jahre. (Zitat-Nr 934)

Reichtum macht ein Herz schneller hart als kochendes Wasser
ein Ei.

Ludwig Börne, deutscher Journalist und Literaturkritiker
geb. 6. Mai 1786 im jüdischen Ghetto von Frankfurt am Main als Juda
Löb Baruch; gest. 12. Februar 1837 in Paris, lebte 51 Jahre. (Zitat-Nr
935)

Der sicherste Reichtum ist die Armut an Bedürfnissen.

Franz Werfel, österreichischer Schriftsteller
geb. 10. September 1890 in Prag, Königreich Böhmen, Österreich-Ungarn; gest. 26. August 1945 in Beverly Hills, Kalifornien, Vereinigte
Staaten, lebte 55 Jahre. (Zitat-Nr 936)

WAS IST WAHRHEIT?

Es ist unmöglich, die Fackel der Wahrheit durchs Gedränge zu
tragen, ohne jemanden den Bart zu versengen.

Georg Christoph Lichtenberg, deutscher Mathematiker und Aphoristiker
geb. 1. Juli 1742 in Ober-Ramstadt bei Darmstadt; gest. 24. Februar
1799 in Göttingen, lebte 57 Jahre. (Zitat-Nr 937)

Hast du deine Meinung schon durch die drei Siebe gegossen:
jenes der Wahrheit, jenes der Güte, jenes der Notwendigkeit?

Sokrates, griechischer Philosoph
470 - 399 v. Chr., lebte 71 Jahre. (Zitat-Nr 938)

Überzeugungen sind oft die gefährlichsten Feinde der Wahrheit.

Friedrich Nietzsche, deutscher klassischer Philologe und Philosoph
geb. 15. Oktober 1844 in Röcken; gest. 25. August 1900 in Weimar,
lebte 56 Jahre. (Zitat-Nr 939)

Wahrhaftige Worte sind nicht angenehm, angenehme Worte
sind nicht wahrhaftig.

Laotse oder Lao-Tse, Laozi, legendärer chinesischer Philosoph
lebte im 6. Jahrhundert vor Christus (Zitat-Nr 940)

Irrtum verlässt uns nie. Doch zieht ein höher Bedürfnis immer
den strebenden Geist leise zur Wahrheit hinan.

Johann Wolfgang von Goethe, der wohl größte deutsche Dichter
geb. 28. August 1749 in Frankfurt am Main als Johann Wolfgang Goethe; gest. 22. März 1832 in Weimar, geadelt 1782, lebte 83 Jahre. (Zitat-Nr 941)

Die Wahrheit ist das Kostbarste, was wir haben. Gehen wir
sparsam damit um!

Mark Twain, amerikanischer Autor
geb. 30. November 1835 in Florida, Missouri; gest. 21. April 1910 in
Redding, Connecticut, lebte 75 Jahre. (Zitat-Nr 942)

Ich brauche nichts als die Wahrheit.

A course in miracles, spirituelles Werk von Helen Schucman
Helen Schucman geb. 14. Juli 1909 in New York City; gest. 9. Februar
1981, lebte 72 Jahre. (Zitat-Nr 943)

Die zur Wahrheit wandern, wandern allein.

Christian Morgenstern, deutscher Dichter und Schriftsteller
geb. 6. Mai 1871 in München; gest. 31. März 1914 in Untermais, Tirol,
Österreich-Ungarn, lebte 43 Jahre. (Zitat-Nr 944)

Wer die Wahrheit nicht fürchtet, braucht auch die Lüge nicht
zu fürchten.

Thomas Jefferson, 3. amerikanischer Präsident
geb. 1743 in Virginia; gest. 4. Juli 1826, lebte 83 Jahre. (Zitat-Nr 945)

Besser ist, es gibt Skandal, als dass die Wahrheit zu kurz
kommt.

Papst Gregor I., Papst von 590 bis 604
geb. um 540; gest. 12. März 604, lebte 64 Jahre. (Zitat-Nr 946)

Der Verstand schafft die Wahrheit nicht, er findet sie vor.

Augustinus von Hippo, auch Aurelius Augustinus, lateinischer Kirchenlehrer der Spätantike, Bischof, Philosoph
geb. 13. November 354 in Tagaste, auch: Thagaste, in Numidien,
heute Souk Ahras in Algerien; gest. 28. August 430 in Hippo Regius in
Numidien, heute Annaba in Algerien, lebte 76 Jahre. (Zitat-Nr 947)

Eine Diskussion ist unmöglich mit jemandem, der vorgibt, die
Wahrheit nicht zu suchen, sondern schon zu besitzen.

Romain Rolland, französischer Schriftsteller und Pazifist
geb. 29. Januar 1866 in Clamecy, Département Nièvre; gest. 30. Dezember 1944 in Vézelay, lebte 78 Jahre. (Zitat-Nr 948)

Trübes Wasser wird klar, wenn man es ruhig stehen lässt - genauso kann man mit Ruhe, Geduld und Zeit die Wahrheit nach und nach klar ans Licht treten lassen.

Laotse oder Lao-Tse, Laozi, legendärer chinesischer Philosoph
lebte im 6. Jahrhundert vor Christus (Zitat-Nr 949)

Vom Wahrsagen lässt sich's wohl leben in der Welt, aber nicht vom Wahrheit sagen.

Georg Christoph Lichtenberg, deutscher Mathematiker und Aphoristiker
geb. 1. Juli 1742 in Ober-Ramstadt bei Darmstadt; gest. 24. Februar 1799 in Göttingen, lebte 57 Jahre. (Zitat-Nr 950)

Hüten wir uns, denen die Wahrheit mitzuteilen, die nicht imstande sind, sie zu fassen.

Jean-Jacques Rousseau, französischsprachiger Genfer Schriftsteller, Philosoph
geb. 28. Juni 1712 in Genf; gest. 2. Juli 1778 in Ermenonville bei Paris, lebte 66 Jahre. (Zitat-Nr 951)

SCHICKSAL UND KARMA

Musst nicht widerstehn dem Schicksal, aber musst es auch nicht fliehen! Wirst du ihm entgegengehn, wird's dich freundlich nach sich ziehen.

Johann Wolfgang von Goethe, der wohl größte deutsche Dichter
geb. 28. August 1749 in Frankfurt am Main als Johann Wolfgang Goethe; gest. 22. März 1832 in Weimar, geadelt 1782, lebte 83 Jahre. (Zitat-Nr 952)

Wir gleichen den Lämmern, die auf der Wiese spielen, während der Metzger schon eines und das andere von ihnen mit den Augen auswählt; denn wir wissen nicht, in unseren guten Tagen, welches Unheil eben jetzt das Schicksal uns bereitet.

Arthur Schopenhauer, bedeutender deutscher Philosoph und Autor geb. 22. Februar 1788 in Danzig; gest. 21. September 1860 in Frankfurt am Main, lebte 72 Jahre. (Zitat-Nr 953)

Wie anders säet der Mensch, und wie anders lässt das Schicksal ihn ernten.

Friedrich von Schiller, deutscher Dichter und Philosoph geb. 10. November 1759 in Marbach am Neckar, Württemberg; gest. 9. Mai 1805 in Weimar, Sachsen-Weimar, lebte 46 Jahre. (Zitat-Nr 954)

Intelligenz ist jene Eigenschaft des Geistes, dank derer wir schließlich begreifen, dass alles unbegreiflich ist.

Emile Picard, französischer Mathematiker geb. 24. Juli 1856 in Paris; gest. 11. Dezember 1941 ebendort, lebte 85 Jahre. (Zitat-Nr 955)

Aber nunmehr ist es Zeit, daß wir gehen, ich, um zu sterben, ihr, um zu leben. Wer aber von uns beiden zu dem besseren Geschäft hingehe, das ist allen verborgen außer nur Gott.

Sokrates, griechischer Philosoph 470 - 399 v. Chr., lebte 71 Jahre. (Zitat-Nr 956)

Frage nicht, was das Geschick morgen will beschließen, unser ist der Augenblick, lass uns den genießen!

Friedrich Rückert, deutscher Dichter
geb. 16. Mai 1788 in Schweinfurt; gest. 31. Januar 1866 in Neuses, lebte 78 Jahre. (Zitat-Nr 957)

Alles wird uns heimgezahlt, wenn auch nicht von denen, welchen wir geborgt haben.

Marie von Ebner-Eschenbach, mährisch-österreichische Schriftstellerin
geb. 13. September 1830 auf Schloss Zdislawitz bei Kremsier in Mähren; gest. 12. März 1916 in Wien, lebte 86 Jahre. (Zitat-Nr 958)

Zeigt mir einen Mann der Gewalttat, mit dem es ein gutes Ende genommen hat, und ich will ihn zu meinem Lehrer machen.

Laotse oder Lao-Tse, Laozi, legendärer chinesischer Philosoph
lebte im 6. Jahrhundert vor Christus (Zitat-Nr 959)

Ich lebe, weiß nicht wie lang, ich sterbe, weiß nicht wann, ich fahre, weiß nicht, wohin, mich wundert, dass ich noch fröhlich bin.

Karl Simrock, deutscher Dichter
geb. 28. August 1802 in Bonn; gest. 18. Juli 1876 ebendort, lebte 74 Jahre. (Zitat-Nr 960)

Man ist am meisten in Gefahr, überfahren zu werden, wenn
man eben einem Wagen ausgewichen ist.

Friedrich Nietzsche, deutscher klassischer Philologe und Philosoph
geb. 15. Oktober 1844 in Röcken; gest. 25. August 1900 in Weimar,
lebte 56 Jahre. (Zitat-Nr 961)

Wenn ich einen Nagel einschlage, nur um etwas anzuheften,
so denke ich immer: Was wird geschehen, ehe ich ihn wieder
herausziehe?

Georg Christoph Lichtenberg, deutscher Mathematiker und Aphoristiker
geb. 1. Juli 1742 in Ober-Ramstadt bei Darmstadt; gest. 24. Februar
1799 in Göttingen, lebte 57 Jahre. (Zitat-Nr 962)

Was die Menschen gemeiniglich ihr Schicksal nennen sind
meistens nur ihre eigenen dummen Streiche.

Arthur Schopenhauer, bedeutender deutscher Philosoph und Autor
geb. 22. Februar 1788 in Danzig; gest. 21. September 1860 in Frankfurt am Main, lebte 72 Jahre. (Zitat-Nr 963)

Das Schicksal ist: die Vollmacht des Tyrannen für seine Verbrechen, die Entschuldigung des Toren für sein Versagen.

Ambrose Bierce, amerikanischer Schriftsteller
geb. 24. Juni 1842; gest. 1914 in Mexiko, lebte 72 Jahre. (Zitat-Nr 964)

Vertrauen - Gottvertrauen

Der Gegenwart entflieht, wer unter die Bauern geht. Der Bauer und die Gegenwart liegen in einem gesunden ewigen Streit, und über der Natur und den Sternen schwebt eine unverwelkliche Zeit, die nichts von der schalen Gegenwart weiß.

Hugo von Hofmannsthal, österreichischer Schriftsteller und Lyriker
geb. 1. Februar 1874 in Wien; gest. 15. Juli 1929 in Rodaun bei Wien,
lebte 55 Jahre. (Zitat-Nr 965)

Ewigkeitsamen sind wir, die leben.
Im Schöpfungstage
Wurzeln unsre Gedanken, sie schweben,
Antwort wie Frage
Saatenvoll,
Über dem ewigen Grunde;
Frohlocken drum soll,
Wer in einer schwindenden Stunde
Mehrte die Erbschaft der Ewigkeit.

Björnstjern Björnson, norwegischer Politiker und Dichter, Literaturnobelpreisträger
geb. 8. Dezember 1832 in Kvikne (Tynset), Hedmark; gest. 26. April 1910 in Paris, lebte 78 Jahre. (Zitat-Nr 966)

Wir müssen alles tun, was wir können, aber am Ende steht das Vertrauen auf Gott.

Ignatius von Loyola, Mitbegründer des Jesuitenordens
geb. 31. Mai 1491 im Baskenland, Spanien; gest. 31. Juli 1556 in Rom,
lebte 65 Jahre. (Zitat-Nr 967)

Wir sollten jede Not als einen Vertrauensbeweis Gottes betrachten.

Johannes von Müller, Schweizer Historiker und Staatsmann
geb. am 3. Januar 1752 in Schaffhausen; gest. 29. Mai 1809 in Kassel,
lebte 57 Jahre. (Zitat-Nr 968)

Es geben sich besonders diejenigen jeder Art von Aberglauben
hin, die maßlos nach Unsicherem streben.

Baruch de Spinoza, niederländischer Philosoph
geboren am 24. November 1632 in Amsterdam; gestorben am 21.
Februar 1677 in Den Haag, lebte 45 Jahre. (Zitat-Nr 969)

Gerechtigkeit gibt jedem das Seine, maßt sich nichts Fremdes
an, setzt den eigenen Vorteil zurück, wo es gilt, das Wohl des
Ganzen zu wahren.

Ambrosius von Mailand, römischer Politiker und Bischof
geboren um 340, g estorben um 397, lebte 57 Jahre. (Zitat-Nr 970)

Wir sind nur in dem Maße gut, als unser Herz der Vernunft ge-
horsam ist.

Christoph August Tiedge, deutscher Dichter und Autor
geb. 14. Dezember 1752 in Gardelegen; gest. 8. März 1841 in Dresden, lebte 89 Jahre. (Zitat-Nr 971)

Du mußt das Leben nicht verstehen

Du musst das Leben nicht verstehen,
dann wird es werden wie ein Fest.
Und lass dir jeden Tag geschehen
so wie ein Kind im Weitergehen
von jedem Wehen
sich viele Blüten schenken lässt.

Sie aufzusammeln und zu sparen,
das kommt dem Kind nicht in den Sinn.
Es löst sie leise aus den Haaren,
drin sie so gern gefangen waren,
und hält den lieben jungen Jahren
nach neuen seine Hände hin.

Rainer Maria Rilke, deutscher Lyriker
geb. 4. Dezember 1875 in Prag; gest. 29. Dezember 1926 in Sanatorium Valmont bei Montreux, Schweiz, lebte 51 Jahre. (Zitat-Nr 972)

Gegenseitiges Vertrauen ist wichtiger als gegenseitiges Verstehen.

Marie von Ebner-Eschenbach, mährisch-österreichische Schriftstellerin
geb. 13. September 1830 auf Schloss Zdislawitz bei Kremsier in Mähren; gest. 12. März 1916 in Wien, lebte 86 Jahre. (Zitat-Nr 973)

Vertrauen ist eine Oase im Herzen, die von der Karawane des Denkens nie erreicht wird.

Khalil Gibran, libanesisch-amerikanischer Philosoph und Dichter
geb. 6. Januar 1883 in Bischarri, Osmanisches Reich, heute Libanon; gest. 10. April 1931 in New York City, lebte 48 Jahre. (Zitat-Nr 974)

Herr, gib mir die Gelassenheit, Dinge hinzunehmen, die ich nicht ändern kann; gib mir den Mut, Dinge zu ändern, die ich ändern kann; und gib mir die Weisheit, das eine vom andern zu unterscheiden.

Friedrich Chr. Oetinger, deutscher Theologe
geb. 2. Mai 1702 in Göppingen; gest. 10. Februar 1782 in Murrhardt, lebte 80 Jahre. (Zitat-Nr 975)

Der Unterschied zwischen dem richtigen Wort und dem beinahe richtigen ist der gleiche wie zwischen einem Blitz und einem Glühwürmchen.

Mark Twain, amerikanischer Autor
geb. 30. November 1835 in Florida, Missouri; gest. 21. April 1910 in Redding, Connecticut, lebte 75 Jahre. (Zitat-Nr 976)

Es ist leichter, anderen mit Weisheit zu dienen als sich selbst.

Francois de La Rochefoucauld, französischer Moralist und Literat
geb. 15. September 1613 in Paris; gest. 17. März 1680 ebendort, lebte 67 Jahre. (Zitat-Nr 977)

Klug fragen können ist die halbe Weisheit.

Francis Bacon, englischer Philosoph und Staatsmann
geb. 22. Januar 1561 in London; gest. 9. April 1626 in Highgate, lebte 65 Jahre. (Zitat-Nr 978)

Was immer du tust, arbeite mit ganzem Herzen, als sei es eine
Arbeit für den Schöpfer selbst.

Bibel, Kolosser 3:23, Buch des Neuen Testaments
das Alte Testament entwickelte sich aus dem jüdischen Tanach, das
Neue Testament wurde seit Beginn der christlichen Zeitrechnung
(Jahr 0) niedergelegt (Zitat-Nr 979)

Gar mancher kommt trotz vielem Lesen mit dem Verständnis
in die Brüche. Wohl hat er die Sprüche der Weisheit gelesen,
doch nicht verstanden die Weisheit der Sprüche.

Friedrich von Bodenstedt, deutscher Schriftsteller
geb. 22. April 1819 in Peine; gest. 18. April 1892 in Wiesbaden, lebte
73 Jahre. (Zitat-Nr 980)

Lebensklugheit bedeutet, alle Dinge möglichst wichtig, aber
keines völlig ernst nehmen.

Arthur Schnitzler, österreichischer Dramatiker
geb. 15. Mai 1862 in Wien, Kaisertum Österreich; gest. 21. Oktober
1931 ebendort, lebte 69 Jahre. (Zitat-Nr 981)

Die Gebirge sind stumme Meister und machen schweigsame
Schüler.

Johann Wolfgang von Goethe, der wohl größte deutsche Dichter
geb. 28. August 1749 in Frankfurt am Main als Johann Wolfgang Goethe; gest. 22. März 1832 in Weimar, geadelt 1782, lebte 83 Jahre. (Zitat-Nr 982)

Den Schlechtesten selbst sollte man womöglich vor der Überzeugung schützen, dass er schlecht sei. Schon mancher ist
schlecht geworden, weil er sich zu früh für schlecht hielt.

Christian Friedrich Hebbel, deutscher Dramatiker
geb. 18. März 1813 in Wesselburen, Dithmarschen; gest. 13. Dezember 1863 in Wien, lebte 50 Jahre. (Zitat-Nr 983)

Sei weder der erste, Neuem nachzujagen, noch der letzte, Al-
tem zu entsagen.

Alexander Pope, englischer Dichter
geb. 21. Mai 1688 in London; gest. 30. Mai 1744 in Twickenham,
heute Teil Londons, lebte 56 Jahre. (Zitat-Nr 984)

Trenne dich nicht von deinen Träumen. Wenn sie verschwun-
den sind, wirst du weiter existieren, aber aufgehört haben zu
leben.

Mark Twain, amerikanischer Autor
geb. 30. November 1835 in Florida, Missouri; gest. 21. April 1910 in
Redding, Connecticut, lebte 75 Jahre. (Zitat-Nr 985)

MAßHALTEN

Das Vernünftigste ist immer, dass jeder sein Metier treibe,
wozu er geboren ist und was er gelernt hat, und dass er den
anderen nicht daran hindere, das Seinige zu tun.

Johann Wolfgang von Goethe, der wohl größte deutsche Dichter
geb. 28. August 1749 in Frankfurt am Main als Johann Wolfgang Goethe; gest. 22. März 1832 in Weimar, geadelt 1782, lebte 83 Jahre. (Zitat-Nr 986)

Wohl jedem, der nur liebt, was er darf, und nur hasst, was er
soll.

Marie von Ebner-Eschenbach, mährisch-österreichische Schriftstellerin
geb. 13. September 1830 auf Schloss Zdislawitz bei Kremsier in Mähren; gest. 12. März 1916 in Wien, lebte 86 Jahre. (Zitat-Nr 987)

Denke immer daran, daß das Essen, so schmackhaft es auch
zubereitet sein mag, nur dann schmeckt, wenn wir Appetit haben.

Sokrates, griechischer Philosoph
470 - 399 v. Chr., lebte 71 Jahre. (Zitat-Nr 988)

Was der Mensch auch gewinnt, er muss es teuer bezahlen, wär
es auch nur mit der Furcht, ob er's nicht wieder verliert.

Christian Friedrich Hebbel, deutscher Dramatiker
geb. 18. März 1813 in Wesselburen, Dithmarschen; gest. 13. Dezember 1863 in Wien, lebte 50 Jahre. (Zitat-Nr 989)

Man kommt nicht in die Welt, um sich auszusuchen, sondern
um "vorlieb" zu nehmen.

Wilhelm Raabe, deutscher Schriftsteller
geb. 8. September 1831 in Eschershausen; gest. 15. November 1910
in Braunschweig, lebte 79 Jahre. (Zitat-Nr 990)

Wenn du zum Wort nicht ohne Not, nicht ohne Hunger greifst zum Brot, bringt dir dein Reden nicht Verdruss, nie Unbehagen dein Genuss.

Friedrich Rückert, deutscher Dichter
geb. 16. Mai 1788 in Schweinfurt; gest. 31. Januar 1866 in Neuses, lebte 78 Jahre. (Zitat-Nr 991)

Es gibt nur ein Mittel, sich wohl zu fühlen: Man muss lernen, mit dem Gegebenen zufrieden zu sein und nicht immer das verlangen, was gerade fehlt.

Theodor Fontane, deutscher Schriftsteller
geb. 30. Dezember 1819 in Neuruppin; gest. 20. September 1898 in Berlin, lebte 79 Jahre. (Zitat-Nr 992)

Los zu werden den alten Zopf ist ein vernünftig Begehren, aber wer wird darum den Kopf gleich rattenkahl sich scheren!

Emanuel Geibel, deutscher Lyriker
geb. 17. Oktober 1815 in Lübeck; gest. 6. April 1884 ebendort, lebte 69 Jahre. (Zitat-Nr 993)

Kein Wissen scheint schwerer zu erwerben als die Erkenntnis, wann man aufhören muss.

Jonathan Swift, anglo-irischer Schriftsteller
geb. 30. November 1667 in Dublin, Königreich Irland; gest. 19. Oktober 1745 in Dublin, lebte 78 Jahre. (Zitat-Nr 994)

Zivilisation ist die unablässige Vermehrung unnötiger Notwen-
digkeiten.

Mark Twain, amerikanischer Autor
geb. 30. November 1835 in Florida, Missouri; gest. 21. April 1910 in
Redding, Connecticut, lebte 75 Jahre. (Zitat-Nr 995)

Man verliert nicht immer, wenn man entbehrt.

Johann Wolfgang von Goethe, der wohl größte deutsche Dichter
geb. 28. August 1749 in Frankfurt am Main als Johann Wolfgang Goethe; gest. 22. März 1832 in Weimar, geadelt 1782, lebte 83 Jahre. (Zitat-Nr 996)

Wer auf den Zehen steht, steht nicht fest. Wer mit gespreizten
Beinen geht, kommt nicht voran.

Laotse oder Lao-Tse, Laozi, legendärer chinesischer Philosoph
lebte im 6. Jahrhundert vor Christus (Zitat-Nr 997)

Die Begehrlichkeit hat nie genug; die Natur ist auch mit wenigem zufrieden.

Seneca, römischer Philosoph
geb. etwa im Jahre 1 in Corduba; gest. 65 n. Chr. bei Rom, lebte 64
Jahre. (Zitat-Nr 998)

Genug ist Überfluss für den Weisen.

Euripides, griechischer Dramatiker
geb. 480 v. Chr; gest. 406 v. Chr, lebte 74 Jahre. (Zitat-Nr 999)

Je weniger einer braucht, desto mehr nähert er sich den Göttern, die gar nichts brauchen.

Sokrates, griechischer Philosoph
470 - 399 v. Chr., lebte 71 Jahre. (Zitat-Nr 1000)

1001: Auf den Punkt gebracht

Alles ist gut. Der Mensch ist unglücklich, weil er nicht weiß, dass er glücklich ist. Nur deshalb. Das ist alles, alles! Wer das erkennt, der wird gleich glücklich sein, sofort, im selben Augenblick.

Fjodor M. Dostojewski, russischer Schriftsteller
geb. 11. November 1821 in Moskau; gest. 9. Februar 1881 in Sankt Petersburg, lebte 60 Jahre. (Zitat-Nr 1001)

ANHANG

BUCHEMPFEHLUNGEN

Tod - das Ende ist ein Anfang. Zitate und Aphorismen, zusammengestellt von Henrik Geyer

Über Tod und Leben, Verzweiflung, Hoffnung, Ende und Anfang, einen Neubeginn, Trauer, Liebe, Schmerz, Furcht, Kraft der Gedanken, Befreiung, Trost

Tod - Das Ende ist ein Anfang. 500 Aphorismen und Zitate bekannter Philosophen, Schriftsteller und Staatsleute, zusammengestellt von Henrik Geyer.

erhältlich bei Amazon

Amazon Printausgabe, ISBN: 978-3-95932-113-6, Preis: 7,99 €

Kindle Ebook, ISBN: 978-3-95932-112-9, Preis: 2,99 €

Liebe, die Naturgewalt, zusammengestellt von Henrik Geyer

Über Liebe und Schmerz, Leidenschaft und Enttäuschung, Mädchen, Frauen und Männer, über Herz und Seele, Sehnsucht und Erfüllung

Liebe, die Naturgewalt. 500 Aphorismen und Zitate bekannter Philosophen, Schriftsteller und Staatsleute, zusammengestellt von Henrik Geyer.

REGISTER

AUSFÜHRLICHES INHALTSVERZEICHNIS

BILDNACHWEIS

Datei: #33807433 | Urheber: K.-U. Häßler, www.Fotolia.de

Datei: #43383292 | Urheber: K.-U. Häßler, www.Fotolia.de

Datei: #106356874 | Urheber: Alekss, www.Fotolia.de

www.Fotolia.de, Datei: #74963773 | Urheber: Martin Capek

Datei: #122370452 | Urheber: agsandrew, Fotolia.de